Helmut Friedrich Krause

Ce dont le monde se fait

Helmut Friedrich Krause

Ce dont le monde se fait

(La substance divine de l'univers)

*Des astres habités
et de la cause de la gravitation*

**Une théorie unifiée des champs
dans une perspective cosmique**

Avec un avant-propos de Jochen Kirchhoff
et une conversation avec Werner Heisenberg

édition *dionysos*

Informations bibliographiques de la Deutsche Nationalbibliothek:
La Deutsche Nationalbibliothek répertorie cette publication dans la Deutsche Nationalbibliografie; des données bibliographiques détaillées peuvent être consultées sur Internet à l'adresse http://dnb.dnb.de.

Auteur:	Helmut Friedrich Krause, Jochen Kirchhoff
Traduction:	Amélie de Branges
Mise en page & composition:	Wolfram Bahmann, Uli Fischer
Éditeur:	BoD – Books on Demand GmbH
	In de Tarpen 42, 22848 Norderstedt
Impression:	Libri Plureos GmbH
	Friedensallee 273, 22763 Hamburg
ISBN:	978-3-7597-8421-6

Contenu

Avant-propos
Le cosmos comme miroir et les projections des sciences naturelles
A la recherche d'une nouvelle cosmologie

Ce dont le monde se fait
(La substance divine de l'univers)

Avant-propos

Le cosmos comme miroir et les projections de la science naturelle

À la recherche d'une nouvelle cosmologie

"Tout ce qui est inconnu et sombre est comblé par projection psychologique; c'est comme si dans l'obscurité se reflète l'arrière-plan de l'âme de l'observateur".

C. G. Jung

"Colonie pénitentiaire de la Voie lactée"?

Il n'y a pas que des pessimistes notoires comme Arthur Schopenhauer qui avaient supposé ou simplement déclaré que l'intelligence de la majorité de l'espèce humaine n'était pas très prononcée. Comment pourrait-il en être autrement? Après tout, il est facile de se détourner avec dégoût de la façon dont ces êtres échouent avec tout et tout le monde, du moins à long terme. La mer de sang, de folie et de stupidité qui a inondé cette planète depuis des milliers d'années et qui, de manière incompréhensible, n'a pas encore été détournée de son cours, n'est pas quelque chose que quiconque peut sérieusement affronter ou intégrer dans aucune manière de conscience – sauf celle d'un démon sadique d'origine extra-humaine. Ce que nous vivons aujourd'hui, nous les peuples post-Hiroshima et post-Auschwitz, c'est la quasi-faillite de notre espèce, agrémentée d'un nombre immense de phrases pieuses, spirituelles ou stupides et de trompes-l'œil idéologiques.

Il a toujours été suggéré d'imaginer des êtres dans d'autres lieux de l'univers, sur d'autres étoiles, dont le destin est résolument préférable au nôtre, dont l'intelligence est bien supérieure à la nôtre. Quelques exemples d'êtres humains ont montré ce qui est possible, ce qu'être humain peut signifier, quelles immenses possibilités créatives s'offrent effectivement à nous. On a toujours pensé que le seul potentiel réellement disponible pour les habitants de la Terre, celui de la destruction à grande échelle (déguisé comme des idéologies du bonheur), constituait une menace pour l'environnement cosmique immédiat et qu'il fallait y mettre un terme pour ne pas donner aux habitants de la Terre la possibilité de polluer également d'autres corps célestes.

Un exemple célèbre est le drame monumental "Die letzten Tage der Menschheit" ("Les derniers jours de l'humanité") de Karl Kraus, qui se termine par l'anéantissement des habitants de la Terre dans une sorte de jugement cosmique, exécuté par les habitants de Mars.

Plus récemment, il convient de mentionner le récit satirique de science-fiction "Das Glück von OmB'assa" ("Le bonheur d'OmB'assa") d'Ulrich Horstmann. Ici aussi, une puissance extraterrestre se sent obligée de détruire les habitants de la Terre ou de les incinérer au moyen d'un inferno atomique, parce que la méchanceté et l'énergie destructrice de ces êtres ne peuvent être bannies d'aucune autre manière. Pendant que l'œuvre de destruction est mise en scène, un scientifique donne une "conférence" académique dans un amphithéâtre souterrain; la Terre, annonce le savant (porte-parole de Horstmann?), est "la colonie pénitentiaire de la Voie lactée, voire d'autres régions cosmiques". "Tous les nouveau-nés de la Terre sont des exilés, des bannis et des déportés, des criminels violents graves d'autres mondes. (Francfort 1985, p. 122)

Ce n'est que dans le cadre de ces relations cosmiques que l'on peut comprendre le caractère horrible et sanglant de l'histoire de l'humanité. Nombreux sont ceux qui pensent qu'il y a quelque chose de fondamentalement mauvais en nous, les habitants de la planète Terre, que nous ne sommes – dans une large mesure – que le résultat d'une aberration aux proportions cosmiques, une déviation épouvantable du grand dessein de la création. Que les optimistes et les idéologues de tous bords considèrent une telle approche comme misanthropique, méprisante pour l'humanité ou réactionnaire n'a rien d'inquiétant. Si nous adoptons le point de vue de Karl Kraus et d'Ulrich Horstmann (la Terre est le foyer de criminels et de psychopathes, titubant vers une chute méritée), mais que nous conservons en même temps – même si cela semble paradoxal à première vue – le grand élan d'espoir orienté vers la rédemption de la nature (intérieure et extérieure) et le salut de la planète, il en découle des conclusions remarquables pour ce que l'on appelle communément la vision du monde. – La rédemption de la nature (dans l'homme) signifie aussi la libération de l'esprit, la libération du monde de l'imagination, *la rédemption du cosmos dans notre pensée!*

Le monde comme écran de projection

Comment les habitants de cette planète de criminels verront-ils la nature, leur étoile, le cosmos? Une chose est sûre: ils développeront des images du cosmos et de la Terre qui correspondent à leur propre état mental – des images au sein desquelles ils subiront la justification de leur propre existence! À cet égard, la vision du monde dite scientifique n'est pas différente – en termes de nature ou de structure – de la vision pré-scientifique du monde ou de toute idée religieuse. Les gens ont besoin de justifier leur existence, leurs actions, leurs pensées et leurs sentiments, leurs contextes culturels. C'est ce que font les visions du monde. Et c'est une autre raison pour laquelle il peut être inutile d'en faire l'objet d'un débat passionné. Néanmoins, les visions du monde correspondent à des attitudes envers le monde, qui sont fondamentales en tant que racines de l'action. L'homme voit le monde tel qu'il est; il agit comme il voit le monde – même si ce n'est souvent pas de manière directe et immédiate, mais en contradiction avec ce qu'il croit ou prétend savoir. En d'autres termes, c'est toujours l'acte qui met en lumière la réalité d'une conviction, par exemple (et ce n'est pas rare): l'étroitesse d'un esprit pathologique et la perspective angulaire sous le masque des idées religieuses.

Si nous mesurons maintenant la vision moderne du monde à l'aune de ses conséquences, nous avons toutes les raisons de faire preuve d'une grande méfiance – une méfiance que beaucoup ressentaient et ressentent encore à l'égard du christianisme au vu des traces de sang que cette religion a laissées dans l'histoire, au vu des excès de haine commis au nom de l'amour chrétien ... Dans mes livres sur Copernic, Schelling et Giordano Bruno (ainsi que dans l' "Anti-Histoire de la Physique", qui n'a pas encore été publiée), j'ai établi un lien entre l'abstraction et l'absurdité de la vision dominante de l'univers, qui menacent la vie, et la bombe atomique et le désastre écologique mondial qui se profile: les deux faces d'une même pièce.

Le psychopathe vit dans un monde illusoire, il est incapable de percevoir la réalité. Et le monde devient un gigantesque écran de projection de sa difformité intérieure,et un miroir de lui-même. La vision du cosmos proclamée avec ferveur par les physiciens théoriciens et les astronomes – popularisée de manière indicible par les médias – ne peut être décrite que comme un cauchemar: une conception monstrueuse qui défie toute raison, toute humanité et toute relation avec l'homme. Si le monde ressemblait vraiment à ce que les "cosmologistes" veulent nous faire croire, il serait – et ne pourrait être – que l'œuvre d'un démiurge fou, primitif et malveillant, avec un plaisir sadique pour l'absurde. Oui, le monde, l'univers serait la manifestation du mal et de la futilité, digne d'être englouti très vite par un de ces "trous noirs" fictifs. D'énormes boules de gaz dans des espaces de vide glacé, des explosions, des catastrophes partout, une expansion galopante depuis le fabuleux "Big Bang", la vie produit du hasard dans le jeu de dés aveugle d'une matière stupidement auto-enchevêtrée, l'espace courbe, l'espace-temps quadridimensionnel, etc. etc. En bref: l'univers comme chaos. Le cosmos comme illusion.

Tout cela est vendu aux amateurs de science de notre époque comme étant "scientifiquement prouvé" ou au moins probable. On fait référence à la précision (vraiment effrayante) des mesures effectuées, au langage artistique impressionnant des mathématiques, aux succès technologiquement réalisables: par exemple, l'atterrissage en douceur d'un objet sur la planète Mars. Depuis quelques années, on tente également d'ajouter une valeur spirituelle aux spéculations philosophiques et mathématiques de la relativité et de la théorie quantique, ainsi qu'à leurs ramifications et aux théories qui leur succèdent. Il suffit de penser au physicien Fritjof Capra qui, en tant que physicien, dépend des installations techniques à grande échelle des accélérateurs de particules, grâce auxquelles on espère traquer l'esprit du monde dans l'infiniment minuscule petit et qui, d'autre part, en tant qu'un des pionniers du mouvement New Age, harmonise la confusion des particules élémentaires avec les grands concepts philosophiques et spirituels de l'Asie. De cette manière, chaque physicien théoricien peut se sentir profondément justifié (et oublier la désolation de son existence réelle: la chasse épuisante et déroutante aux particules minuscules dans un monde incompréhensible). Si tant est qu'une telle justification soit nécessaire, pour beaucoup, le simple fait de penser qu'ils font quelque chose comme de la "recherche fondamentale", comme on l'appelle avec grandiloquence, les aide, comme s'ils étaient proches des dernières énigmes de l'existence matérielle. Bientôt, le "Big Bang" sera même simulé sur la piste de course aux particules: une idée aussi amusante qu'absurde.

L'homme ne rencontre que lui-même

Les théoriciens quantiques insistent toujours sur le fait que, dans les sciences naturelles modernes, l'homme ne rencontre fondamentalement que lui-même, que l'image de la nature dans la physique actuelle n'est pas une image de la nature en tant que telle, mais reflète uniquement la relation de l'homme à la nature. Cela découle de certains postulats de la mécanique quantique pour le domaine micro. Je voudrais ajouter une nouvelle généralisation aux généralisations répandues de cette affirmation épistémologique, qui a moins de chances d'être acceptée et qui se heurtera même à une résistance farouche de la part des nombreux. Cette généralisation ou extension peut être résumée dans l'ancien dicton persan: "Le cosmos est comme un miroir". Celui qui regarde dans le cosmos ne voit que lui-même, indépendamment de toutes les modifications scientifiques et mathématiques.

Cela renvoie à la vision du monde des habitants de la planète des criminels – la "planète des imbéciles", comme le dit Karl Kraus. Cette vision du monde a des traits pathologiques. Le "Big Bang" et Hiroshima vont de pair. Celui qui détruit mentalement le cosmos détruira tôt ou tard l'intégralité organique de l'étoile qui le porte et se détruira donc lui-même. Les visions nihilistes du monde engendrent des comportements qui conduisent à une destruction radicale. Celui qui imagine le Soleil et les étoiles fixes comme des fours cosmiques à fusion nucléaire, entre autres par incapacité à développer des concepts plus sublimes de la lumière, contribue, consciemment ou inconsciemment, à rendre possible la catastrophe nucléaire. On ne peut sérieusement nier que la bombe atomique est le résultat de la physique théorique moderne.

Les caractéristiques pathologiques de la vision moderne du monde sont évidentes. Et la prétention des sciences naturelles à être une science empirique a depuis longtemps été gâchée. Les gens spéculent, extrapolent et extrapolent encore, généralement en se référant à l'unité physique de l'univers et aux résultats des mesures des nombreux appareils compliqués qui effraient et déstabilisent le profane. L'arrogance des "chercheurs" qui se forgent une opinion est également considérable, malgré toutes les assurances du contraire. Et les critiques sont rapidement réduites au silence ou qualifiées d'intellectuellement douteuses, incapables d'apprécier ou même de reconnaître la précision et le pouvoir prédictif de la science. Des positions purement religieuses sont souvent défendues sous le couvert d'un débat scientifique. Les fonds publics ne sont mis à disposition que pour des projets de recherche très spécifiques; les cliques qui se considèrent comme l'élite formulent les seules questions autorisées et possibles, ce qui ne laisse guère de chance à un outsider mal à l'aise; les gens se renvoient la balle et se confirment constamment au-delà des frontières nationales. Celui qui va trop loin se ridiculise, perd sa réputation scientifique et la solidarité de sa propre corporation. Partout, les dogmes et les tabous obstruent la vue. Les "preuves" ne sont souvent que de subtils raisonnements circulaires, des tautologies ou des analyses unidimensionnelles de certaines données de mesure, etc. À cela s'ajoute une indifférence généralisée à l'égard de la barbarie qui s'étend, des perversions de l'intellect (par exemple dans le domaine du développement des armes).

Les illusions en tant qu'énergies actives

J'ai affirmé que l'idée généralement admise de la structure physique du Soleil et des étoiles fixes a son pendant dans les possibilités de destruction atomique. Ce lien n'est pas du tout évident, car la théorie dominante de l'origine de la lumière du soleil et des étoiles est considérée comme une vérité scientifique, ou du moins comme une hypothèse qui peut être vérifiée de nombreuses façons – mais en tout cas comme appartenant au monde des faits, et non au monde des valeurs. Et l'on pourrait se demander de manière polémique ce que la loi de la chute, par exemple, a à voir avec le jugement moral, philosophique ou esthétique. Comme on le sait, depuis Galilée, l'essence même de la démarche scientifique est de séparer strictement les faits des valeurs – une erreur fatale, comme on le sait aujourd'hui. Dans l'histoire des sciences naturelles, les fictions n'ont jamais été séparées des hypothèses avec suffisamment de clarté. Les hypothèses sont des suppositions ou des conjectures sur certaines relations qui – dans une certaine mesure – peuvent également être prouvées parce qu'elles appartiennent au domaine de l'expérience. La loi de la chute, par exemple, peut être prouvée. Les fictions sont en principe indémontrables; il s'agit d'affirmations sur la réalité qui peuvent être utiles (souvent elles ne le sont pas), mais qui présupposent toujours ce qui doit être prouvé.

Elles sont construites de manière circulaire; elles ne peuvent être confirmées que par elles-mêmes. La relativité et la théorie quantique ne sont pas les seules à être construites sur des fictions, d'autres approches théoriques de la science moderne le sont également. Ce qui est décisif dans notre contexte, c'est la valeur intrinsèque des théories respectives, car elles expriment souvent des couches cachées de l'âme, des projections de l'âme intérieure sur la surface du miroir de l'environnement naturel cosmique. C'est là l'essentiel. La dispute sur les visions du monde ou les théories est donc bien plus qu'une simple affaire d'esprit. Les illusions sont des énergies actives. La pensée en général est une énergie active. Les projections découlent des couches consciemment labourées ou ensevelies au fond de la psyché et peuvent développer leurs propre vie fantomatique qui, à son tour, a un effet sur l'âme. En fin de compte, l'homme s'enferme inéluctablement dans la galerie des glaces de ses propres projections, qu'il prend pour des réalités objectives.

L'absurdité de la cosmologie moderne reflète l'absurdité et la désolation tordue de l'âme moderne. Les énergies qui soustendent la vision moderne du monde empêchent la rédemption de la nature et le salut de la Terre.

Ce n'est pas l'hostilité envers la science, l'irrationalisme ou le mysticisme qui constituent l'alternative créative au cauchemar des sphères de gaz, des "trous noirs" et autres éléments de non-sens mathématisés (Steven Weinberg: "Plus l'univers nous devient compréhensible, plus il nous apparaît insensé"), mais plutôt: La science qui mérite ce nom, qui implique le sujet vivant du connaisseur, qui est orientée vers l'expérience vivante – la science à son vrai niveau, essentiellement inséparable de la philosophie créative et de la spiritualité cosmique.

La physique du sage ou du Bouddha ne coupe pas, ne tranche pas, ne brise pas les éléments constitutifs de la nature, ne perd pas la connaissance de l'unité, la connaissance du Tao. Selon Carl Friedrich von Weizsäcker, la science naturelle de la "culture de la volonté et de la raison" est "aveugle en dehors de son champ de vision". Cela signifie qu'elle se situe en dehors du Tao et qu'elle est nécessairement aveugle (au moins pendant de longues périodes) à ce qui se trouve dans son champ de vision. La "science qui détruit le monde" est une "mauvaise science" (Weizsäcker à nouveau). On ne peut ignorer que la science mathématique, telle qu'elle est répandue en Occident, a un effet destructeur sur le monde; c'est donc une "mauvaise science"! (Nous avons besoin d'une science qui réconcilie l'esprit avec la réalité ou, au sens propre, qui réalise l'esprit aliéné par la nature – et par lui-même. Qui sauvera le cosmos ou notre conception du cosmos des "cosmologistes" autoproclamés?

J'ai beaucoup écrit sur les questions épistémologiques fondamentales des sciences naturelles dans les livres susmentionnés; j'ai été guidé par l'idée de la relativisation cosmique de la physique terrestre, telle qu'exprimée dans les écrits de Giordano Bruno, et par ce que je crois surmont finalement les incrustations géocentriques-scolastiques de la physique dans la théorie du champ unifié du philosophe Helmut Friedrich Krause, qui contient également une théorie entièrement nouvelle de la force gravitationelle et de la lumière. Cette théorie des champs, que H. Krause expose dans "Building Material of the World", est pour moi le concept physique et cosmologique le plus passionnant de notre époque.

Le livre "Le matériau de construction du monde" a été publié pour la première fois en 1970. Il était pendant un certain temps une sorte de livre culte pour un petit cercle de personnes en Allemagne et a ensuite été épuisé pendant des années.

Le défi existentiel d'aujourd'hui est la rédemption de la nature, la récupération du Tao, le sauvetage de la planète qui nous nourrit. Cela implique nécessairement une réorganisation de la constitution de notre conscience, un dépassement de notre monde de projection absurde (qui est devenu une seconde nature pour nous): un processus douloureux et prolongé qui touche des tabous profondément enracinés, des fossiles dogmatiques partout. – La structure de base de notre monde de projection peut être illustrée de manière paradigmatique par l'exemple du soleil et de la lumière.

Le four solaire fictif: une relique du Moyen-Âge?

Celui qui prétend aujourd'hui que tous les corps célestes, y compris le soleil, sont en principe habitables se ridiculise (pour ne pas dire plus). Ce point de vue est considéré comme aussi aventureux, absurde et finalement réfuté que l'idée ancienne et médiévale de la position de la Terre au centre du cosmos. C'est ainsi que la fiction du four solaire est généralement acceptée, moins en raison de la théorie de la fusion nucléaire qu'en raison de l'immédiateté sensuelle de cette hypothèse: ici la plaque de métal brillante et lumineuse, là l'étoile centrale brillante et lumineuse; pourquoi d'autres lois physiques devraient-elles s'appliquer dans le cosmos, c'est-à-dire sur le Soleil ou entre la Terre et le Soleil? La physique moderne n'a-t-elle pas prouvé l'unité de l'univers matériel, l'universalité des lois physiques? La remise en cause de cette unité ne signifie-t-elle pas une régression, un retour à l'ère pré-copernicienne, pré-galiléenne? On peut clairement répondre par la négative à cette dernière question; tout au contraire: la fiction du four solaire en particulier est une relique médiévale qui se doit au réalisme naïf, comme l'a montré Giordano Bruno dans ses premiers écrits cosmologiques de 1584.

Ce qui s'opposait le plus à la mise en œuvre du copernicisme était l'impact suggestif de l'immédiate expérience sensorielle veut dire: l'immuabilité du sol qui nous soutient. L'idée que ce sol puisse être en mouvement rapide, même si cela ne pouvait être prouvé ni directement ni sensuellement ni physiquement, n'avait au départ que peu de probabilité. Seul Giordano Bruno s'est inspiré de ce fait pour relativiser totalement la perception sensorielle en général, y compris la perception de l'environnement cosmique. En supposant un sens profond dans la structure de l'ordre de l'univers ça veut dire de la sagesse divine qui lui est inhérente, Bruno s'est rendu compte qu'il ne pouvait y avoir aucun angle mort dans l'univers, que chaque corps céleste étant animé, devait en principe avoir la possibilité de produire de la vie et de l'intelligence. Si, par exemple, la luminosité éblouissante du disque solaire suggère que le Soleil lui-même est un corps extrêmement chaud, il s'agit, selon Bruno, d'une illusion géocentrique, un symptôme de l'incapacité à surmonter la perspective angulaire terrestre. L'apparence du Soleil pouvait être séparée de sa réalité physique. Newton, et avec lui de nombreux penseurs et scientifiques de l'époque des Lumières, considérait encore le Soleil comme un astre habité, guidé par le postulat de l'omniprésence de la raison dans le cosmos. La situation a radicalement changé dans la seconde moitié du 19e siècle (voir la note 10 pour plus de détails). Même si elle contredit radicalement les idées dominantes dans l'épistémologie de la physique et de l'astronomie, la thèse avancée ici est que les propriétés physiques de la surface du soleil ne peuvent être reconnues et décrites avec les instruments habituels des sciences naturelles. Il est également impossible de déterminer la température de surface du Soleil de manière directe et, pour ainsi dire, inconditionnelle.

Dans mon livre sur Copernic, j'ai écrit (rowohlts monographien 347, p. 15): "Afin d'éviter la complaisance post-copernicienne de la science, nous ferions bien de considérer les modèles du cosmos des sciences naturelles abstraites avec un haut degré de scepticisme et de ne pas les identifier prématurément avec la "vérité" de l'univers. Déjà l'approche épistémologique des sciences naturelles mathématiques devrait susciter le plus grand scepticisme lorsqu'il s'agit d'appréhender la réalité des ensembles vivants. Comme on le sait, depuis Galilée, la méthodologie scientifique consiste à ne reconnaître comme "objectif" que ce qui peut être quantifié, en niant l'expérience directe, et à construire à partir de là, en se limitant largement aux grandeurs observables, une image de la réalité exempte de contradictions. Naturellement, la vie ne figure plus dans ce tableau. La méthodologie de la science comprend également l'ontologisation particulière des moyens de connaissance mathématiques, c'est-à-dire l'équation des mathématiques et de la réalité objective. Les contradictions et incompatibilités physiques sont éliminées et considérées comme "annulées" par les mathématiques. – Avec une certaine justification, la vision abstraite et mathématique des choses peut être accusée d'avoir une tendance hostile à la vie, comme cela s'est produit à maintes reprises, même dans les rangs des physiciens. Si la science naturelle est finalement construite vers un monde où l'être humain est éliminé avec les contradictions du vivant, comme l'a récemment souligné le physicien Herbert Pietschmann, on ne peut guère attendre autre chose d'une telle approche lorsqu'il s'agit de cosmologie que l'affirmation que le cosmos ne connaît le principe de la vie qu'en tant qu'exception et produit du hasard.

Que 'savons'-nous du cosmos, de ses lois et de sa structure inhérente, des principes et des forces qui le constituent? – Avons-nous progressé "plus loin" que Copernic, du moins en ce qui concerne les régions cosmiques situées en dehors du système planétaire? La réponse à ces questions dépend en fin de compte de décisions épistémologiques fondamentales qui sont considérablement plus "profondes" et plus difficiles qu'on ne le pense généralement. Même avec l'aide des plus grands télescopes, nous n'enregistrons les étoiles fixes que comme des points sans structure; les affirmations précises sur la densité, la température et la distance ne peuvent pas être vérifiées expérimentalement. La légitimité de l'extrapolation de "l'expérience physique rapprochée" dans l'immensité abyssale de l'espace n'est pas prouvée.

La gravité comme force de seuil et la spiritualisation des étoiles

Le grand physicien Michael Faraday (qui n'était pas mathématicien) supposait déjà que "la gravitation doit être un phénomène de rayonnement, c'est-à-dire que la force de gravité doit être associée à une énergie de rayonnement". "Selon le théorème de l'énergie, ce rayonnement gravitationnel ne peut provenir que d'une autre forme d'énergie; il doit être alimenté par une conversion d'énergie. De l'approche de Faraday, il résulte, de manière cohérente, que cette forme d'énergie ne peut être que la matière elle-même ou ses énergies inhérentes concentrées et vibrantes, dont Faraday avait une idée très subtile".[11] En termes physiques, Helmut Friedrich Krause est le compléteur de la théorie du champ de Faraday-Maxwell; en même temps, sa théorie du champ touche une dimension spirituelle qui la relie au concept spirituel de la matière dans le bouddhisme tantrique.

Selon H. Krause, le champ gravitationnel symétriquement radial de la Terre (et de tous les corps célestes) est le résultat d'un rayonnement de la matière, d'une désintégration de la matière dans le centre de l'étoile. La force d'une pression immense déchire les forces de liaison de la matière et rayonne sous forme radiale,en pénétrant la matière céleste comme une mousse, dans l'immensité de l'espace. Cette dissolution de la matière, qui correspond à une retransformation de la matière en son origine d'une énergie substantielle, est un processus incessant: le processus de base du monde physique. La gravitation n'est pas simplement donnée avec la matière, mais doit toujours être réalimentée par la décomposition de la matière à l'intérieur de l'astre. L'énergie libérée – sous la forme d'un champ à symétrie radiale – appartient à la sphère de l'infini et de l'absolu. Le rayonnement nucléaire se précipite à travers l'espace à une vitesse infinie (le facteur t – le temps – n'existe pas). La gravitation est la force de seuil où le relatif et l'absolu se touchent. L'énergie primordiale est appelée "volonté du monde" et "énergie spatiale" par H. Krause.

La condensation de la matière au cœur de l'étoile, qui contredit les hypothèses courantes sur la structure des corps célestes, est liée à la radialité rayonnante du champ énergétique. Selon la fiction de l'attraction de masse (Newton), cette radialité ou la diminution des effets gravitationnels avec le carré de la distance ne peut être valable qu'à partir de la surface du corps céleste et ne peut en aucun cas être "pensée plus loin" vers le centre de la Terre. Depuis Newton, la "masse" de la Terre dans son ensemble (pour Newton lui-même, il s'agit simplement d'une "quantité de matière", le produit de la densité et du volume) est supposée être la cause physique de la gravité, en tant que somme des interactions masse-attraction de toutes les particules matérielles qui constituent l'organisme céleste. Si tel était le cas, les effets gravitationnels de la surface de la Terre vers le centre de la Terre ne pourraient pas augmenter naturellement avec le carré de la distance. L'augmentation de la gravité à l'intérieur du corps céleste correspondant à la radialité du champ, comme Krause l'a rendu plausible, a pour conséquence que les effets gravitationnels au centre de la Terre doivent être d'une ampleur inimaginable. Bien entendu, les processus de désintégration de la matière se produisent à partir d'une certaine proximité du centre de la Terre, à une profondeur incalculable. Les effets gravitationnels s'annulent au centre de l'astre, ce qui conduit "au point étonnant selon lequel l'astre ne peut avoir ni "masse inertielle" ni "masse lourde" au sens de la mécanique classique. Ce qui donne l'impression d'inertie est une sorte de résistance rayonnante, que chaque corps céleste oppose aux radiations de l'environnement cosmique.

Les interactions différenciées des champs énergétiques des corps célestes déterminent tous les processus de mouvement dans le cosmos. Chaque corps céleste "repose" par rapport à son propre champ de rayonnement central, d'où l'impossibilité de détecter directement le mouvement de la Terre par des moyens mécaniques ou optiques. Le corps céleste devient un système de référence en quasi-repos grâce à son propre champ d'énergie, qui détermine tous les processus physiques en tant que champ d'orientation. D'où l'absence de résultats bien connue de l'expérience Michelson-Morley! Si on corrige toutes les notions mécaniques courantes pendant le XIXe siècle, le champ énergétique spatial peut être désigné comme un "éther" qui, structuré radialement et inextricablement lié à l'astre, serait le médium pour les processus de vibrations qui se manifestent entre autres par l'électromagnétisme et la lumière.

Dans leur interaction, les champs de désintégration du noyau des étoiles, qui dans leur forme pure peuvent être considérés comme sans ondes, sont "comprimés" en forme d'ondes (comme le dit littéralement Krause); des zones de compression de différents types et intensités sont créées, qui s'accompagnent également d'une réduction de la gravité dans la zone de la surface céleste respective. Il en résulte les rythmes de marée des océans, mais aussi des rythmes analogues de la matière solide. La lumière naît de la contre-action des champs d'énergie; il s'agit d'un changement d'état de l'énergie spatiale, et aucun corps céleste n'est lui-même ou en tant que tel une source de lumière et de chaleur. Les états des champs qui permettent la vie peuvent se produire partout. Le principe de vie est omniprésent dans le cosmos. Des sphères chaudes de gaz dans un vide glacé: il s'agit d'une simple projection sans vérité cosmique.

Les champs d'énergie des étoiles sont soumis à un processus vivant de devenir et déclin. Lorsque l'intensité du rayonnement diminue dans le temps et l'espace, on assiste à une fuite (apparente) des objets cosmiques lointains, dont la vitesse augmente proportionnellement à la distance ("fuite des nébuleuses spirales"). L'interprétation erronée de ce mouvement de fuite, qui peut être déduit du décalage vers le rouge des spectres des galaxies, comme un mouvement réel en utilisant l'effet Doppler, et même la fabrication d'une "expansion de l'univers", est un symptôme clair de l'incapacité de dépasser la fixation géocentrique de la pensée. Même dans l'ère post-copernicienne, les reliquats des structures de pensée scolastique sont considérables – un fait qui n'est dissimulé que par le fait que le monde a connu une dissolution intellectuelle des frontières et que, en même temps, la technologie révèle la validité objective des lois mécaniques et électromagnétiques à tout moment. Cela a conduit à l'erreur selon laquelle la couche mathématiquement saisissable du monde de l'expérience peut désormais être également transférée et étendue à volonté au cosmos dans son immensité et sa diversité.

Vous ne reconnaissez que ce que vous êtes

Le miroir cosmique reste la limite absolue de la perception rationnelle de la réalité. Et seules les couches qui correspondent à la structure mentale et spirituelle de l'individu sont "reconnues". La température de surface de Sirius, par exemple, n'est pas un objet d'expérience scientifique, pas plus que la cosmologie ou la cosmogonie. Apparemment, seul celui qui a atteint la conscience de Bouddha est capable de s'harmoniser avec le miroir cosmique, voire de le devenir lui-même! La théorie des monades de Giordano Bruno contient également des pensées analogues. Ce n'est que dans cette forme de conscience la plus élevée que les projections inhérentes à l'être humain sont surmontées. (Une autre question serait à quel point les illusions et les tromperies appartiennent à l'incarnation en tant que telle, que même un Bouddha, tant qu'il est encore incarné, ne pourrait pas éliminer complètement). C'est l'une des tâches sans fin de la conscience humaine de travailler pour la libération de la prison des projections de l'ego, d'enlever ou de dissoudre couche après couche les écrans de projection illusoires, de briser le bloc du sommeil et de l'inconscience.

Les lunettes cosmiques du champ terrestre

Il est certainement possible de faire des constatations significatives sur le cosmos en dessous du "seuil d'illumination", mais celles-ci ne vont pas au-delà de la description de certains modes d'organisation des phénomènes. Un mode de pensée qui se manifeste par des liens de causalité unidimensionnels entre les choses est, dans certaines limites, parfaitement sensé, voire nécessaire à la coexistence sociale et à l'orientation quotidienne de l'individu (etc.), mais il est absurde d'appliquer ce même mode de pensée à l'univers. Cela conduit presque inévitablement à la folie. L'intellect reste une "force de surface" (comme le dit Schopenhauer), il ne produit jamais que lui-même. Les formes de perception de la Terre comme sujet cosmique , qui résulte du champ de rayonnement central, ne peuvent pas non plus être bouleversées au moyen d'astuces intellectuelles ou mathématiques. Nous voyons l'environnement cosmique à travers la lentille de ce champ.

Le champ magnétique terrestre est, pour ainsi dire, l´éssence de la matière, le déterminant fondamental de tous les processus physiques jusqu'au niveau micro. Le champ soutient et rend possible le monde matériel, et tous les corps de la sphère céleste sont inextricablement liés à lui par son effet le plus direct: la gravité. Si le champ commence à osciller sous l'effet d'autres champs de désintégration du noyau, toutes les relations gravitationnelles en sont influencées. Dans cette véritable théorie de la relativité, la lumière devient également une variable dépendante du champ, et seul le champ de rayonnement de désintégration du noyau reste une quantité absolue.

Seules quelques affirmations peuvent être faites sur les conditions de surface du Soleil ou de Jupiter, par exemple; il doit exister d'énormes zones de compression à proximité des corps célestes, un décalage considérable dans l'échelle arc-en-ciel de lumière visible, peut-être même des conditions de rayonnement qui rendent la vie possible; en aucun cas, cependant, les gaz incandescents ne déterminent la surface. La surface du corps céleste et sa structure doivent être solides et "froides", ce qui découle de la forme radiale des champs de désintégration du noyau.

S'il était possible de prouver, en posant une sonde à la surface de Jupiter, que la surface de l'astre est solide, la loi de la gravitation de Newton – fiction mécaniste de l'attraction des masses – serait réfutée une fois pour toutes, et aucune manipulation ou modification du type connu (de Seeliger à Einstein), aussi astucieuse soit-elle, ne pourrait y changer quoi que ce soit. La raison en est simple: Dans le cas d'une surface solide de Jupiter, les perturbations gravitationnelles exercées dans le système solaire devraient être considérablement plus importantes selon la fiction de l'attraction de masse, qu´elles ne le sont en réalité (voir Note 6).

Le fait que la plus grande planète – comme nous le savons – rayonne beaucoup plus d'énergie de rayonnement électromagnétique qu'elle reçoit du soleil ne peut être expliqué par les physiciens et les astronomes qu'en faisant de Jupiter un quasi-soleil, en lui attribuant des propriétés qui sont également partiellement supposées pour le soleil.

La théorie des champs de Krause fournit une interprétation assez simple de cette "capacité de rayonnement" de Jupiter: Tous les corps célestes à auto-rayonnement doivent avoir une structure similaire; il n'y a ni sphères de gaz gigantesques ni magma en fusion dans les couches profondes des corps célestes. Selon Krause, les volcans sont le résultat d'un changement global de la matière initialement solide lors d'un passage rapide à travers des zones de plus faible densité de champ: à mesure que l'on s'approche du noyau terrestre, les processus d'oscillation de la matière s'intensifient. Le point de fusion dépend de la densité du champ. Si la matière solide est poussée à grande vitesse vers le haut depuis les couches profondes de la Terre, un changement d'agrégat se produit car les vibrations atomiques ne peuvent s'adapter qu'avec un certain retard aux conditions modifiées du champ et sa pression réduite résultant d´une densité plus faible. L'interaction de la pression réduite et de la vitesse atomique accélérée entraîne la fusion de la matière.

Physique cosmique – physique du Bouddha

Si l'on peut parler d'un "Tao de la physique" (pour reprendre la célèbre formule de Fritjof Capra), la théorie des champs du philosophe Helmut Krause me semble mériter ce qualificatif. Non seulement elle permet des catégorisations physiques et cosmologiques d'une simplicité cristalline, mais elle annonce la sagesse d'un principe qui détermine évidemment aussi le monde matériel. Il s'agit bien ici d'une physique cosmique capable de relativiser la mécanique de la surface terrestre. Cette physique cosmique a un fondement métaphysique, spirituel, qui donne une idée de l'harmonie avec le miroir cosmique. Avec quelques réserves, la doctrine des champs énergétiques des étoiles pourrait aussi être décrite comme une sorte de physique du Bouddha: Elle met en évidence le caractère maya du monde matériel, le "vide" inhérent qui le constitue (au sens du concept de shunyata). Elle montre la structure spirituelle de la matière, sa "transparence" potentielle, dont l'ésotérisme du bouddhisme tantrique sait rendre compte.

Les corps célestes – dans la mécanique céleste newtonienne, des masses de matière inertes et lourdes qui tombent les unes autour des autres – sont considérés comme de grands organismes sublimes, portés et imprégnés par leur champ d'énergie de décomposition central, dont l'activité universelle peut être attribuée à la sphère du divin. La physique terrestre trouve ici son fondement cosmique. Et la tentative d'ouvrir la matière de l'intérieur pour accéder aux énergies qu'elle contient et les rendre disponibles s'avère être une erreur fatale à long terme, un crime contre les fondements de tout ce qui vit.

Le retrait des projections

La destruction du cosmos dans notre pensée correspond à la destruction de la Terre; toutes deux reflètent l'aliénation de la nature et du cosmos de l'âme moderne. Toutes visions du monde inanimées conduisent toujours à des actions hostiles. Et la perte pathologique de réalité conduit à long terme à la destruction de réalité. La rédemption de la nature inclut la rédemption du cosmos dans notre pensée, inclut le dépassement de l'idée délirante d'un univers sans vie et inhumain. Les "trous noirs" et autres monstruosités similaires sont des projections du vortex du vide de l'âme moderne. La doctrine du "Big Bang" reflète les couches meurtrières et explosives de la science naturelle moderne....

Seuls des esprits très individualisés, travaillant à surmonter leurs projections, seront en mesure d'arrêter l'attraction apparemment irrépressible vers le chaos, de transcender les perversions de la pensée, de reconquérir la terre déserte. "Notre entendement humain", écrit le grand moraliste et critique scientifique Erwin Chargaff, "terni par le bavardage soporifique des sciences explicatives", "n'est plus à la hauteur de la réalité", "qui pourtant est aussi simple qu'au premier jour. Et: "Dans la nuit où nous vivons, nous sommes reconnaissants aux lettres lumineuses de Belshazzar. Mais elles annoncent rien de bon. Une chose est certaine: si l'on veut sauver l'avenir, il faut briser le présent." (Extrait de: "Critique de l'avenir", Stuttgart 1983, p. 101 et p. 95).

Jochen Kirchhoff
Berlin, avril 1987 et en juillet 1990

Notes sur l'éditeur

Jochen Kirchhoff, né en 1944, vit à Berlin en tant que philosophe et écrivain. Plus de 25 ans il a fait des études et des recherches sur la critique fondamentale et la définition des limites des sciences naturelles mathématiques et aussi sur la fondation d'une philosophie de la nature, qui s´étend non seulement aux composantes écologiques et holistiques mais aussi  aus aspects psychologiques et profondément spirituels. Il est l´auteur des monographies de Rowohlt sur Giordano Bruno, Schelling et Copernic, ainsi que des livres « Sound and Transformation/ Son et Transformation ». La musique classique comme voie de développement de la conscience" et "Nietzsche, Hitler et les Allemands. La perversion du Nouvel Âge". Encore inédit: "La récupération de l'arc-en-ciel. Une anti-histoire de la physique de Copernic à la mécanique quantique" et "La rédemption de la nature comme défi spirituel et écologique". – Conférences et séminaires sur les thèmes des livres. Collaboration à des revues philosophiques et littéraires.

Ce dont le monde se fait

(La substance divine de l´univers)

en allemand "Der Baustoff der Welt"

*"Il semble absurde de supposer que toute
partie du monde est sans âme, sans vie, sans sens
et par conséquent inanimée: il est tout à fait insensé
et mesquin de croire qu'il n'y a pas d'autres êtres vivants,
pas d'autres sens, pas d'autres intelligences,que ceux,
qui apparaissent à nos organes sensoriels".*

Giordano Bruno

Goethe-Newton et la polarité de l'univers

Le résultat de la connaissance intuitive présenté ici, étant diamétralement opposé aux résultats de la pensée de l'Occident, remonte à une attitude d'esprit qui, à notre connaissance, n'a été adoptée que par un seul penseur en Occident, Giordano Bruno. Comme il a été arrêté par l'Inquisition à l'âge de 44 ans et qu'il a été brûlé vif le 17 février 1600 après 8 ans d'emprisonnement, les résultats de sa pensée ne sont pas complets. Cependant, ce qui nous est parvenu nous permet d'affirmer ce qui précède, et nous en présenterons les preuves plus loin.

L'attitude de l'auteur et les résultats présentés sont tellement étrangers à l'Occident que nous aimerions nous référer à une déclaration de l'indien Mahatma Gandhi pour démontrer le contraste. Gandhi considérait que l'ancienne culture indienne était de loin supérieure à celle de l'Occident. L'Inde devait se libérer de la "Maya" – le pouvoir illusoire de l'Occident – afin de pouvoir déployer à nouveau le pouvoir spirituel du passé. La libération de la domination pernicieuse de l'Occident ne pouvait être obtenue par des moyens violents, mais uniquement par le Satyagraha ("saisir la vérité" par la force de l'âme).

Ce que nous devons maintenant présenter prouve qu'une attitude d'esprit peut également être vécue au sein de l'Occident qui conduit à la saisie de la vérité – à l'élimination des illusions de l'Occident, la "Maya". Si l'appel de Gandhi a servi avant tout à délivrer le peuple indien de la domination étrangère, la saisie de la vérité en Occident devrait servir à se libérer de la pensée violente et guerrière en politique et en science, à la dernière heure, pour ainsi dire. Afin de présenter le domaine qui fait l'objet de nos investigations, nous nous référerons à une vieille querelle qui a éclaté entre des personnalités aux mentalités fondamentalement différentes. Dans le domaine des sciences naturelles, Goethe s'est heurté au point de vue de Newton et de ses disciples, et cette vieille querelle n'a toujours pas été réglée. Quiconque étudie la théorie des couleurs de Goethe est très étonné de constater que notre "Olympien" a perdu sa tranquillité d'esprit dans cette querelle, et qu'il est même devenu très grossier. Helmholtz, qui s'est également penché sur cette question il y a une centaine d'années et qui, en tant que physicien, était bien entendu d'accord avec son grand maître Newton, a cru pouvoir déduire de la véhémence de Goethe qu'il s'agissait au moins d'un conflit entre des esprits fondamentalement différents. L'objet de cette discussion doit être mis de côté pour l'instant.

Nous voulons mettre en lumière les mentalités fondamentalement différentes des deux hommes afin de mieux comprendre l'étrange hostilité de Goethe à l'égard de Newton, car elle cache bien plus qu'une simple divergence d'opinion. Isaac Newton, le fondateur de "l'explication mécanique du monde", était un mathématicien, un physicien et un rationaliste – du moins jusqu'à la fin de la phase de sa vie où il était encore pris au sérieux par ses admirateurs. Après avoir étudié ses enseignements, Laplace estima plus tard qu'il n'avait plus besoin de "l'hypothèse de Dieu".

Goethe, qui a créé le "Prologue au ciel" de Faust, était "théiste" dans ses poèmes de vision du monde et l'est resté jusqu'à la fin – malgré son attitude anti-chrétienne, il était un spiritualiste. Puisqu'il existe aussi un spiritualisme hostile à la nature – le christianisme – il faut donc souligner que Goethe était un spiritualiste proche de la nature au fond de sa conception intellectuelle.[1]

Or, il n'y a pas de contraste plus grand que celui qui existe entre le spiritualisme amoureux de la nature et le rationalisme. Si des ponts ont certainement été jetés entre ce dernier et le spiritualisme hostile à la nature, si une bonne entente a souvent existé et existe encore entre eux – il suffit de penser à l'observation de Pascual Jordan selon laquelle les chrétiens et les physiciens n'ont qu'un seul adversaire, le métaphysicien -, entre le spiritualiste amoureux de la nature et le rationaliste brille l'éclat d'une opposition qui ne se cache que difficilement et qui puise, en quelque sorte, dans la polarité spirituelle de l'univers.

Par polarité de l'univers, on entend un dualisme primitif et strict, auquel correspondent par exemple les expressions cosmos et chaos en Grèce. Le mot cosmos, introduit par Anaximandros (philosophe grec vers 600 av. J.-C.), signifie bijoux et ordre, et comme le terme se réfère à l'univers, aux corps célestes qui se lèvent et se couchent dans l'ordre, le mot contient également la stricte régularité de ces processus. Le mot "chaos", opposé au mot "cosmos", signifie donc non seulement l'absence de forme, mais aussi l'absence de loi. Selon d'anciennes traditions, l'homme est placé dans un état de tension polaire et doit prendre une décision – soit en faveur de la loi, "ce pour quoi tu t'es engagé" – comme l'a dit Goethe – et en faveur d'un ordre divin, soit il sera contraint par un mépris conscient ou inconscient de la nature, il se rebellera – se révoltera – contre les lois de la création. Lorsque les personnalités dirigeantes de ces plus grands opposés spirituels se rencontrent, les choses s'enflamment naturellement, et l'âpreté de la dispute nous enseigne que les disputes spirituelles peuvent être une question d'être ou de non-être dans un sens plus élevé.

Lorsque Platon s'est disputé avec l'ancêtre souvent invoqué des scientifiques modernes – Démocrite – il y a probablement eu des explosions similaires à celles que nous avons connues lors de la confrontation de Goethe avec les vues de Newton sur la couleur. Dans son dialogue "Sophistes", Platon dénonce les rationalistes de nature matérialiste en ces termes:

"Ils tirent tout ce qui est du ciel et de l'invisible vers la terre en s'accrochant aux rochers et aux chênes avec leurs mains et en affirmant avec obstination et fermeté que seul ce qui peut être atteint et saisi a une existence, et que le corps et l'être sont une seule et même chose; mais quiconque dit qu'il y a aussi quelque chose d'incorporel, ils le méprisent profondément et ne veulent plus l'écouter."

Platon aurait brûlé les écrits de Démocrite.

Le spiritualiste amoureux de la nature est convaincu que le monde des apparences n'est qu'une partie d'un monde plus vaste, que nos organes sensoriels de perception sont très insuffisants et que l'essentiel – à savoir les causes de toutes les choses qui font saillie dans le monde des apparences – se trouve au-delà de cette faculté sensorielle de connaissance. Le spiritualisme consiste donc à s'efforcer d'atteindre un pouvoir intérieur de connaissance à l'aide duquel seulement nous pouvons voir à travers les choses les plus essentielles.

Aristote déplore la perte d'une telle faculté de connaissance en ces termes:

"De même que les yeux des oiseaux de nuit sont défaillants face à la clarté du jour, de même notre pouvoir intérieur de connaissance est défaillant face aux choses qui sont par nature les plus claires".

Au cours de l'évolution de l'Occident, il est apparu à plusieurs reprises qu'avec l'apparition de Socrate, la faculté cognitive intérieure dont Aristote déplorait la perte avait disparu, et qu'avec elle disparaissaient également les impulsions vivantes du cosmos, c'est-à-dire les liens avec les lois harmonieuses de la nature (Nietzsche et D. H. Lawrence). Ce qui caractérisait encore le Grec Herakleitos et le philosophe chinois Laotse, à savoir une ouverture d'esprit très vive à l'égard des phénomènes de la vie et de la nature, qui s'exprimait par une profondeur de pensée correspondante, n'a guère été retrouvé chez ceux qui ont suivi.

Avec la perte du sentiment cosmique et du pouvoir intérieur de connaissance, le monde est devenu un problème. Ce n'est qu'après la perte de ce lien le plus important et le plus vital de l'homme – après la perte du divin – que l'homme sur Terre est devenu "religieux"; après la perte de la "vision intérieure", l'homme est devenu un "chercheur" qui prétendait percer les énigmes de l'environnement. Plus l'homme de la Terre était éloigné des sources naturelles, plus le nombre de mystères qui l'entouraient augmentait.

La perte du pouvoir cognitif intérieur signifiait la cécité au sens spirituel, et ce qui s'est passé au cours des siècles – des millénaires – a certainement justifié la complainte de Hölderlin dans son "Schicksalslied" ("chant du destin", dans la traduction d'Amélie de Branges):

"Il nous est donné de rester
Sans lieu de repos
Il s'amenuise
Il tombe le
Peuple souffrant
Aveuglément
D'heure en
Heure jeté
Comme l'eau
De falaise
En falaise
Année par
Année dans
L'incertain
Vers le bas!"

Si quelqu'un, comme Goethe, nourrit une vénération illimitée pour la nature, la façon dont la nature est perçue par les matérialistes et les rationalistes doit l'aliéner profondément. Si, comme nous l'avons déjà dit, au cours de l'évolution de l'humanité, le lien le plus vivant avec la nature a été perdu, ce qui justifie l'engagement spirituel le plus élevé, alors les personnes qui s'y opposent de manière anti-naturelle doivent faire face au rejet le plus sévère de la part des autres. Dans cette perspective, le rejet de Newton par Goethe devient plus plausible, sa colère – son mépris – plus compréhensible. Il en va tout autrement du fait que les analystes, et il s'agit des scientifiques naturels en leur qualité de spécialistes, se sont toujours efforcés de présenter leurs travaux dans le domaine de l'étude de la   nature comme s'il était absolument impossible de les surpasser dans leur façon de voir la nature.

Il est très difficile pour les spécialistes des sciences naturelles de comprendre qu'il existe une pensée alternative dans l'histoire des idées, que celui qui réalise quelque chose de remarquable, voire d'effrayant, dans le domaine de l'analyse – la dissection – n'est en aucun cas apte à la synthèse – au résumé des différentes parties. Le fait que les scientifiques soient accusés – à juste titre – de regarder au-delà de la vie et de priver les phénomènes les plus importants de la vie de tous leurs secrets en raison de leur ennui intérieur n'était pas seulement la plainte émouvante des scientifiques de l'époque romantique, comme l'indique Werner Heisenberg dans son ouvrage "Wandlungen in den Grundlagen der Naturwissenschaft" (Changements dans les fondements de la science naturelle), mais la plainte de tous ceux qui se sentaient en contact avec la nature vivante. Dans l'essai susmentionné, W. Heisenberg explique la manière particulière dont les scientifiques de la nature procèdent:

"Au lieu de s'engager directement dans les processus de la nature qui nous entoure, on le remplace par la formulation mathématique d'une loi limitative qui ne peut être vérifiée que dans des conditions extrêmes. La possibilité de déduire des lois simples et précises des processus naturels est achetée au prix de l'impossibilité d'appliquer directement ces lois à ce qui se passe dans la nature.

La célèbre découverte de Copernic va également dans la même direction: pour pouvoir formuler les mouvements du Soleil et des planètes de manière plus simple et plus uniforme, ce qui nous est directement donné, on renonce à la position centrale de la Terre.

Cette partie du développement est finalement amenée à une conclusion logique par le génie de Newton, qui résume formellement en une seule loi deux domaines d'expérience complètement distincts: le mouvement des étoiles dans le ciel et la gravité des corps sur la Terre".

W. Heisenberg cite le manuel d'astronomie de Newcomb-Engelmann:

"Les planètes se déplacent autour du Soleil et doivent donc obéir à une force dirigée vers le Soleil. Cette force ne peut être que la gravité, l'attraction du Soleil lui-même. La seule question qui se pose maintenant est de savoir quel type d'orbite une planète décrira si une force de la nature mentionnée la conduit autour du Soleil. Newton a démontré que l'orbite doit généralement être une section conique, avec le Soleil à l'un de points focaux.. Ainsi, tout mystère a disparu des mouvements célestes, et les planètes se sont révélées être des simples corps lourds se déplaçant selon les mêmes lois que celles que nous voyons opérer autour de nous".

Heisenberg écrit plus loin:

La description moderne se distingue de l'ancienne par trois traits caractéristiques: elle remplace les énoncés qualitatifs par des énoncés quantitatifs, elle ramène des phénomènes différents à la même origine et elle se dispense de la question du "pourquoi"...

Ce renoncement à la vitalité et à l'immédiateté, qui était la condition préalable au progrès des sciences naturelles depuis Newton, est également la véritable raison de la lutte acharnée que Goethe a menée contre l'optique physique de Newton dans sa Théorie des couleurs. Il serait superficiel d'oublier cette bataille comme étant sans importance; il est logique que l'une des personnes les plus importantes ait mis toute son énergie à lutter contre les progrès de l'optique newtonienne. Si l'on peut reprocher quelque chose à Goethe, c´est une absence de conséquence finale; il n'aurait pas dû lutter contre les vues de Newton, mais dire que toute la physique de Newton: Optique, Mécanique et Loi de la Gravitation – vient du diable. – En revanche, le fait que la science naturelle abstraite continue à se développer dans la même direction en dépit de toutes ces objections est un signe évident de sa puissance et de sa cohérence interne; toutefois, cette puissance découle en partie – il ne faut pas l'oublier ici – de la possibilité de maîtriser techniquement le monde à l'aide de la science naturelle abstraite".

Puisque le monde est dominé par des anxiétés grâce aux travaux des scientifiques et qu'il n'est plus guère question de savoir qui domine qui, l'homme la technique ou vice versa, il semble opportun de souligner que la direction du chaos dans ce cours macabre de l'histoire humaine a été donnée par une chaîne ininterrompue de "chercheurs" parmi les scientifiques abstraits de la nature.

La remarque sur la puissance admirable et la cohérence interne de la science naturelle abstraite montre clairement que le scientifique n'a aucune idée de la possibilité de deux intelligences fondamentalement différentes. La remarque de Heisenberg sur le manque de cohérence de Goethe et l'attitude mentale, non injustifiée, selon laquelle la physique de Newton, son optique et sa théorie de la gravitation sont d'origine diabolique, n'est donc que rhétorique, propre à ridiculiser les opinions de Goethe dans l'Europe rationnelle et "éclairée" par rapport à celles des scientifiques de la nature. Dans sa conférence sur les théories des couleurs de Goethe et de Newton, Heisenberg déclare:

"On a aussi souvent dit que derrière cette différence d'opinion entre Goethe et Newton se cachait une différence plus profonde dans la vision globale du monde, et que l'attitude fondamentalement différente du poète et du mathématicien à l'égard du monde avait conduit à des doctrines de la couleur aussi différentes. Il s'agit certainement d'une raison essentielle pour cette controverse sur la théorie de la couleur. Mais il serait erroné d'en conclure que le scientifique doit être étranger à cet autre aspect poétique du monde".

Après les deux guerres mondiales, nous sommes tellement avancés dans notre développement que les contrastes qui n'étaient pas encore suffisamment clairs il y a 160 ans sont devenus clairement reconnaissables aujourd'hui. Le fait que les scientifiques, après Newton, soient devenus, par leur mode de pensée, la plus grande menace pour la vie sur terre, révèle quelque chose de ce que l'on peut appeler la "pensée du chaos". Le professeur Soddy, lauréat du prix Nobel, a dit un jour que la Terre est une énorme accumulation d'explosifs, qui n'attend que le bon boutefeu pour la transformer en chaos.

La méthode analytique des mathématiciens et des spécialistes des sciences naturelles a sans aucun doute passé son "épreuve de vérité" la plus élevée dans les travaux d'Einstein, de Hahn, d'Oppenheimer, de Compton et de Teller. L'un d'entre eux a déclaré que les chercheurs en sciences naturelles avaient appris ce qu'était le "péché".

La connaissance de la valeur des contraires est ancienne, leur élaboration pour atteindre des objectifs philosophiques a été explorée depuis des temps immémoriaux. Mais les contraires doivent être tirés de la vie et ne doivent pas s'arrêter dans des concepts abstraits et inanimés (doctrine des antinomies de Kant). Chez Goethe et son attitude intellectuelle, nous devons supposer un sentiment tout à fait remarquable pour une telle opposition intellectuelle. Nous pouvons également supposer que son aversion pour les mathématiques, entre autres, est suffisamment inquiétante pour que nous puissions dire, dans notre phase de développement – après le largage des bombes atomiques – que le degré de danger atteint par la physique et les mathématiques modernes justifie certainement le rejet des mathématiques par Goethe. Nous pensons donc qu'il existe des raisons profondes pour lesquelles les propos de Goethe dans la Théorie des couleurs devraient être pris encore plus en compte. Outre le fait que Goethe lui-même a accordé une importance particulière à la Théorie des couleurs dans le cadre de l'évaluation de l'ensemble de son œuvre, les remarques suivantes confirmeront ce fait et son type de spiritualité dans une perspective tout à fait différente.
Dans cette optique, les mots de Goethe ci-dessous peuvent être considérés comme une mise en garde pour la postérité.

"La grande tâche serait de bannir les théories mathématico-philosophiques des parties de la physique dans lesquelles elles ne font qu'empêcher la connaissance au lieu de la promouvoir, et dans lesquelles le traitement mathématique a trouvé une application si erronée en raison du caractère unilatéral du développement de l'éducation scientifique moderne.
Il faudrait expliquer quelle est la véritable voie de l´étude de la nature, comment elle est basée sur le progrès le plus simple de l'observation, comment l'observation doit être augmentée jusqu'à l'expérimentation et comment cela conduit finalement à des résultats".

Helmholtz s'est senti obligé, par une attitude rationaliste, d'accorder une priorité absolue à la méthode analytique de Newton et des scientifiques de la nature en ce qui concerne la théorie de la couleur. Dans un post-scriptum à sa conférence sur Goethe, il explique:

"Là aussi, il (Goethe) voyait devant lui un but élevé vers lequel il voulait nous conduire; cependant, sa tentative de découvrir un début de chemin n'a pas été heureuse et l'a malheureusement conduit dans un sous-bois inextricable."

Aujourd'hui, après la Seconde Guerre mondiale, les quelques scientifiques encore responsables sont arrivés à la conclusion que non seulement la clarté de leur vision du monde a été brisée, mais que leur orientation a également été perdue.
La théorie des couleurs nous fournit un autre indice, presque comme le "fil d'Ariane", car l'idée sur laquelle elle repose est à la

fois une clé pour identifier la situation actuelle des sciences naturelles et un panneau indicateur pour sortir d'une situation presque désespérée. La supériorité de l'attitude spirituelle naturelle sur l'attitude rationaliste apparaît clairement dans la déclaration de Goethe. Il dit dans La théorie des couleurs:

"La pire chose qui puisse arriver à la physique et à beaucoup d'autres sciences est de prendre le dérivé pour l'original et, comme on ne peut pas dériver l'original du dérivé, de chercher à expliquer l'original à partir du dérivé. Il en résulte une confusion sans fin, un enchevêtrement de mots... ". "

"Dans ce sens, nous considérons que l'erreur commise dans la science de la nature est très grande, qu'un phénomène dérivé est placé à la place supérieure, le phénomène original (la lumière) à la place inférieure, et même que le phénomène dérivé est retourné de nouveau, et que le composé est pris pour un simple, le simple pour un composé, par lequel, le dernier comme le premier, les enchevêtrements et les confusions les plus merveilleux sont entrés dans la doctrine de la nature, ce dont elle souffre encore.

Mais si un tel phénomène primordial était alors trouvé, il resterait encore le mal que l'on ne veuille pas le reconnaître comme tel, que l'on cherche quelque chose de plus loin derrière lui et au-dessus de lui, puisque c'est là qu'il faut admettre la limite de la vision.

Que le naturaliste laisse les phénomènes primordiaux dans leur paix et leur splendeur éternelle; que le philosophe les prenne dans sa région, et il constatera que ce n'est pas dans les cas particuliers, les rubriques générales, les opinions et les hypothèses, mais dans le phénomène fondamental et primordial que lui est transmis un matériau digne de traitement et d'élaboration ultérieure."

Les citations que nous avons sélectionnées dans la Théorie des couleurs de Goethe montrent que Goethe n'était pas seulement préoccupé par sa Théorie des couleurs, mais qu'il avait un problème bien plus important à l'esprit. En ce qui concerne les phénomènes primordiaux, il est clair que Goethe s'opposait aux "confusions et enchevêtrements les plus merveilleux" de la théorie de la nature et que sa colère contre Newton s'est peut-être déclenchée dans le domaine particulier de la lumière, mais qu'en réalité, il se référait à la façon dont les scientifiques naturels voyaient la nature. Newton est le fondateur de "l'explication mécanique du monde" et devient ainsi le porte-parole d'un type de matérialisme déjà critiqué par Platon. Goethe, Théorie des couleurs:

"Devant les phénomènes primordiaux, lorsqu'ils se révèlent à nos sens, nous éprouvons une sorte de timidité, jusqu'à la peur. L'homme sensuel se sauve dans l'étonnement; mais l'entremetteur actif, l'intellect, vient vite et veut arbitrer à sa manière le plus noble avec le plus commun."

Et plus loin:

"Mais il y a une grande différence entre se résigner aux limites de l'humanité ou à une hypothétique limite de mon individualité bornée".

Pour Goethe, la lumière du jour est un phénomène primordial dont on ne saurait trop souligner l'importance. Selon lui, le philosophe doit l'intégrer dans sa région et parvenir ainsi à d'autres et meilleures connaissances de la nature du monde.

Nos remarques ultérieures visent maintenant à découvrir l'original et à le relier logiquement à ce qui doit être déduit. Nous montrerons ainsi que la physique inclut la métaphysique, que les deux sont étroitement liées et que la catégorisation la plus simple possible de tous les phénomènes du monde des apparences n'est possible qu'après la connaissance des deux "moitiés", que l'on considérait auparavant comme complètement séparées. C'est peut-être dans le traitement mental du projet que l'on se rend compte à quel point l'Occident « ... tourne en rond sous l'emprise d'un mauvais esprit ... » à quel point la confusion qui règne dans l'esprit de l'Occident a des conséquences néfastes et, à quel point la confusion était capable de marquer notre époque de son empreinte maléfique. Si nos explications peuvent aider au moins certains à retrouver leurs repères, il faut aussi dire, quel courant spirituel – ou était-ce un filet d'eau? – à travers les millénaires a donné lieu à ce résultat.

Le début se perd dans le crépuscule de l'histoire.

Étant donné que le nombre de ceux pour qui être humain représentait une lourde obligation a probablement toujours été faible, et que les "piliers du pont" sont donc larges, avec souvent des gouffres si larges que l'autre rive était à peine reconnaissable, il n'est pas surprenant que nous mentionnions Anaximandre et Heraclite en Grèce, ainsi qu'Aristarque de Samos. Giordano Bruno se trouve sur l'autre rive d'un immense abîme, et l'on peut supposer qu'il était à peine capable de reconnaître ceux qui l'ont précédé. En passant par Schelling, Goethe et Novalis, le chemin mène à une fin qui, nous l'espérons, est aussi un début.

Notre métaphysique n'a rien à voir avec la métaphysique qui prolifère de manière mystique et spéculative dans les théologies et qui a rendu la sphère de la métaphysique presque déconsidérée. Pour des raisons qui tiennent à la tâche à accomplir, notre métaphysique se divise en une métaphysique qui nous permet de comprendre la Terre comme un organisme vivant, à grande échelle, de nature divine, sur lequel l'arc-en-ciel s'étend, pour ainsi dire, comme un rappel vivant. Nous avons une conception très vivante du monde qui contraste avec la vision inanimée et matérialiste des physiciens, de Newton à nos jours, qui provient d'une mentalité rationaliste. La partie de la métaphysique qui appartient à la partie problématique de la nature, à l'homme, parce qu'en dehors de lui la nature ne connaît pas de problèmes, n'est abordée dans la première partie que par une interface faible.

Nous nous efforçons, selon une intuition créatrice, de transmettre ce que nous a montré une vision tres vive. Pour souligner la difficulté de notre position de départ, il faut rappeler que c'est précisément en Occident que l'impossibilité de telles intuitions a été soulignée d'une manière psychologiquement bloquante. Lorsque Kant a déclaré que la connaissance métaphysique est impossible tant que nous sommes des êtres humains, lorsque les scientifiques du début du siècle ont prononcé leur "Ignoramus – Ignorabimus" presque comme un bannissement ("nous ne saurons jamais") et que, jusqu'à l'époque la plus récente, une voie de connaissance autre que rationnelle a été considérée comme difficilement réalisable, nous n'avons fait qu'entrevoir une petite partie de ce qui s'est opposé au résultat suivant.

Dans le livre "L'avenir de l'incrédulité" de Gerh. Szczesny, on peut lire :

"La manière très différente d'aller au fond des choses, la méthode méditative et intuitive développée en Asie orientale, est peut-être capable de s'approcher plus près du secret de l'être que la technique discursive et rationnelle de connaissance que nous avons développée. Il semble que la contemplation comprenne des catégories qui dépassent la capacité de la raison. Cependant, les connaissances acquises de cette manière ne peuvent être formulées et communiquées. De plus, l'expérience de l'Occident dans ce domaine est si limitée qu'un jugement concluant n'est pas possible. L'intellectualité du christianisme, hostile à la contemplation, a obstrué très tôt cette voie de la connaissance, de sorte que les énergies spirituelles des peuples continentaux se sont concentrées presque exclusivement sur l'intuition rationnelle".

Nous avons souligné l'opposition du spiritualiste Goethe au rationaliste Newton, celle de Helmholtz à Goethe, l'inimitié de Platon à Démocrite, pour suggérer que, contrairement à la citation ci-dessus, l'Occident connaît un "courant" spirituel qui, après un travail préparatoire méditatif, est parvenu à des intuitions dont on peut certainement dire qu'elles se sont approchées plus près des "secrets de l'être" que les rationalistes. C'est le cas des intuitions de Giordano Bruno, de Goethe dans sa théorie des couleurs et de Novalis dans ses Fragments. Mais la question de savoir si les connaissances ainsi acquises peuvent être traitées par les rationalistes est tout autre, ou si l'opposition intellectuelle est peut-être aussi irréconciliable que celle entre l'homme moderne et la nature ou entre le cosmos et le chaos.

Ou bien Goethe, dans ses épigrammes vénitiens, aurait-il également perçu ce mystère de l'Occident?

"Est-ce donc un si mystère grand ce qu'est Dieu, l'homme et le monde?
Non! Mais personne n'aime l'entendre, alors cela reste un secret".

Nous en resterons là pour l'instant et nous nous contenterons de constater qu'une époque spirituelle ne peut jamais échapper à un destin plus grand au sens cosmique. Les illusions qui ont été cultivées et protégées pendant des siècles et des millénaires doivent un jour être démasquées comme des illusions si elles contredisent la vie et ses lois secrètes. La description faite par Goethe des conséquences d'une déviation de la recherche sur un complexe vivant tel que la nature s'est avérée exacte. Cependant, non seulement une confusion infinie s'est installée, mais les physiciens d'aujourd'hui doivent se demander si leur travail dans le domaine de la physique atomique peut encore être harmonisé avec l'éthique du service de la vie.

Le champ énergétique spatial des étoiles

Terre – Homme – Univers.

Le royaume humain est soutenu par trois royaumes: le règne minéral, le règne végétal et le règne animal. Au-dessus de tout cela se trouve le ciel étoilé. C'est l'ensemble du monde des phénomènes auquel l'homme est assigné. Sa conscience perçoit à travers ses organes sensoriels de perception les séparations dans le monde des phénomènes, sa conscience dans la haute spiritualité doit trouver ce qui relie. Tout comme son propre corps est façonné de manière significative, son environnement est également façonné – il n'est pas sans forme. Le retour régulier des étoiles du jour et de la nuit, le retour des saisons, est un signe d'ordre.

L'homme est capable de nombreuses habiletés manuelles, il sait façonner les choses lui-même, il sait faire la distinction entre ce que lui et ses pairs ont créé et ce qui a été façonné par la nature. De même qu'il y a une signification inhérente à ce qu'il a créé, il peut également déduire une signification élevée de l'environnement, qu'il soit grand ou petit. Tout comme son sens de la forme donne à l'argile, au bois et au fer une certaine forme, il doit assumer un pouvoir de moulage, un créateur, pour la création à laquelle il appartient lui-même.

Au sein de la création, l'homme fait la distinction entre la Terre, apparemment si stable, et le royaume des plantes et des animaux. Il a une chose en commun avec ces deux derniers: naître, grandir et mourir. Le fait de naître et de mourir dans sa corporalité le relie aux royaumes inférieurs, la conscience de soi, à travers le langage et la raison, le sépare des plantes et des animaux. – Mais il est clair qu'il occupe une position élevée au sein de la création, et l'effort de la création – les règnes qui le soutiennent – est gigantesque et indique la plus grande importance de lui-même. L'homme fait partie de la création et, de ce fait, toutes les lois de la création doivent également s'appliquer à lui, tous les secrets de la création doivent pouvoir être découverts en lui. Cela vaut pour toutes les parties de la création, mais c'est dans l'homme, c'est-à-dire l'être qui se distingue de tous les autres êtres par sa conscience, que ce secret de la création, la loi de l'univers, doit prendre vie. C'est seulement ainsi que l'on peut parler de vérité. –

La réalisation la plus fondamentale – cette naissance, cette croissance et cette mort – doit servir de point de départ à nos recherches ultérieures. Ce qui s'applique aux parties de la création doit également s'appliquer à l'ensemble – et donc aux corps célestes.

C'est ainsi que les corps célestes sont créés, se développent et disparaissent.

Qui les crée, de quoi sont-ils formés, et quel est le sens profond de ces créations?

Tout d'abord, de quoi notre Terre et tous les autres corps célestes de l'espace ont-ils été créés?

Il convient de mentionner en premier lieu la réalisation la plus importante des millénaires précédents, à savoir que le monde des phénomènes n'est qu'une partie d'un monde plus vaste. De même qu'un cône de lumière la nuit ne représente qu'une partie d'un paysage plus vaste, nos perceptions sensorielles n'enregistrent qu'une partie de ce que nous appelons le "monde des phénomènes". Le fait qu'un chien, par exemple, perçoive une gamme plus large d'ondes sonores et qu'un insecte soit encore impressionné dans son œil par des ondes lumineuses au-delà de la couleur violette – c'est-à-dire au-delà de notre capacité de perception – prouve la validité de l'opinion du philosophe grec Herakleitos selon laquelle l'œil et l'oreille ne sont capables de transmettre qu'une image très subjective du monde – la vision du monde de l'homme.

Selon Giordano Bruno, la cause ne peut être trouvée dans le monde des phénomènes, et le physicien Boltzmann considère que la "cause primaire" est inaccessible à la méthodologie scientifique. La diversité apparemment étendue des formations peut être ramenée à une seule cause, une substance primordiale. Cette substance primordiale, qui assure la diversité quasi infinie des phénomènes, doit donc être infiniment muable. Quelle que soit sa nature, elle doit, dans une phase de ses transformations, se transformer, sortir de la sphère de l'inconnaissable pour entrer dans la sphère des apparences, de sorte que notre œil puisse la percevoir, mais que notre intellect en saisisse en même temps l'origine sublime. Puisqu'un tel monde réel a été construit à partir d'elle, elle doit être clairement perceptible dans ses effets, même si elle n'est pas reconnaissable à l'oeil.

Les corps célestes – comme toutes les choses créées – sont soumis à la loi du devenir et de la disparition. Créé à partir d'une substance ou matériau de construction qui n'est pas reconnaissable par nos organes sensoriels dans son état le plus pur, le corps céleste doit également se dissoudre à nouveau dans ce matériau de construction, comme l'exige la loi du devenir et de la disparition.

Nous appelons ce matériau de construction "volonté mondiale", mais ici, pour les interprétations nécessaires des phénomènes fondamentaux, nous choisissons un autre terme – basé sur les conventions linguistiques scientifiques: *énergie spa-*

tiale".

Ainsi, toutes les étoiles de l'univers sont créées à partir de l'énergie de l'espace et se dissoudent à nouveau dans l'énergie de l'espace.

Nous associons la jeunesse, l'apogée, la vieillesse et la mort au devenir et à la disparition, c'est-à-dire à une évolution ascendante et descendante. Comme pour les parties, ce phénomène doit également être observé dans le tout – le corps céleste. À la surface du corps céleste, la sphère de la vie humaine, nous ne remarquons rien d'une dissolution, car si la décomposition avait lieu de l'extérieur, nous devrions reconnaître les changements sur la base des images traditionnelles de l'environnement, malgré la courte durée de vie de l'être humain.

Ce que nous reconnaissions intuitivement, nous mène à une conclusion de ce qui a été prédit et nous appelons cette dissolution – *le rayonnement de désintégration du noyau*. Tous les corps célestes, créés à partir d'un seul matériau de construction, l'énergie spatiale, se désintègrent, à partir du noyau du corps céleste à nouveau en énergie spatiale – dans son état le plus pur et absolu.

Ce processus n'est donc initialement perceptible que dans ses effets, et l'effet le plus fondamental est la *force d'attraction* (*gravitation*) qui peut être détectée dans la sphère de la vie humaine. Le rayonnement énergétique spatial provenant du noyau de chaque corps céleste forme un champ de rayonnement énergétique de structure radiale (c'est-à-dire que les énergies rayonnent depuis le centre du corps céleste dans toutes les directions). Le rayonnement du noyau pénètre sans entrave toutes les couches de matière de l'astre, il est la "cause fondamentale" en ce qui concerne la volonté du monde, et tous les processus du monde des phénomènes dépendent entièrement de lui et se déroulent dans son champ.

Le champ énergétique spatial est le support de la propagation ondulatoire de tous les types de rayons. Il possède également les propriétés qui, avant Einstein, permettaient à l'éther hypothétique d'être le support des ondes lumineuses: élasticité, densité et capacité de pénétration au plus haut degré.

Le rayonnement de désintégration du noyau appartient à la sphère de l'absolu, au domaine des causes au sens des déclarations de Giordano Bruno.

Une fois que nous connaissons la cause fondamentale, il est facile de retracer la vision du monde à l'aide des phénomènes et de remonter à la cause réelle des phénomènes.

Tous les corps célestes rayonnent des énergies spatiales à partir de leur noyau dans leur forme la plus pure et les champs de rayonnement ont nécessairement une structure radiale. Cette forme signifie que la densité du champ de rayonnement énergétique diminue avec la distance par rapport à la source d'origine, la sphère centrale du corps céleste, et inversement augmente à mesure que l'on se rapproche du centre.

L'accélération d'un corps tombant vers la surface de la Terre – *la chute libre* – est donc due à l'augmentation de la densité du champ énergétique. Nous pouvons conclure par expérience que la force d'attraction augmente avec la densité du champ. Nous pouvons en conclure que toutes les compressions d'énergie spatiale, que nous appelons collectivement la matière, sont soumis à une pression en augmentation constante lorsqu'ils s'approchent du centre des étoiles, pression qui atteint finalement un niveau tel que la compression d'énergie se brise, c'est-à-dire qu'elle se dissout à nouveau en énergies cosmiques de la forme la plus pure, c'est-à-dire en énergie de l'espace.[2] (Pour l'instant, nous conserverons le terme de compactage de l'énergie spatiale pour la matière, bien qu'il sera démontré plus tard qu'en réalité la matière est une forme de relâchement de l'énergie spatiale qui dépend entièrement de la densité du champ d'énergie). La libération de l'énergie spatiale dans la sphère du noyau – la sphère de l'Absolu – a lieu avec une force inimaginable, et puisque nous parlons de l'Absolu, nous devons nous abstenir de toute idée provenant du monde des phénomènes. Les ondes d'énergie et la vitesse sont des concepts de ce type, qui échouent complètement dans la sphère de l'Absolu.

Si nous voulons parler de l'Absolu, nous devons, conformément à l'infinité de l'espace mondial – l'âme du monde – , supposer de la volonté mondiale dans sa forme la plus pure une omniprésence et, transférée à l'énergie de l'espace, une vitesse infinie. Cependant, la vitesse infinie coïncide avec le repos, ce qui signifie que les champs d'énergie dans l'espace sont au repos.

La première transformation de l'Absolu

L'étoile voisine la plus importante pour notre terre – le soleil – comme toutes les autres étoiles, émet des énergies spatiales sous leur forme la plus pure, provenant de la désintégration du noyau. L'interaction entre les champs de rayonnement du soleil et de la terre entraîne des modifications de l'état des champs et un ralentissement de l'énergie par compression. En raison de la densité du rayonnement de la désintégration du noyau et de la force de la contre-action des champs, les énergies de l'espace, qui sont apparemment sans ondes dans leur forme absolue, sont comprimées et transformées; les énergies prennent la forme d'ondes et il se produit un processus qui apparaît à notre œil comme de la lumière et qui, avec une intensité suffisante de la compression – comme dans le cas du soleil – est également perçu par nous comme de la chaleur.

C'est ici, à l'aube, que s'opère le passage de l'absolu au monde des phénomènes; c'est ici que l'absolu entre dans notre champ de vision pour que nous puissions en reconnaître l'origine sublime. Il est de la plus haute importance que la transformation des énergies rayonnées par le soleil soit déterminée par l'intensité de notre propre champ de rayonnement.

En conséquence, nous devons revoir toutes nos idées antérieures sur l'univers. Le facteur déterminant et décisif de tous les phénomènes est l'absolu, le champ de rayonnement de désintégration du noyau de l'astre concerné. Les phénomènes sont déterminés par son intensité, qui dépend entièrement de la taille de l'astre et de son évolution.

Étant donné que le développement vers le haut et vers le bas fait également partie du devenir et de la disparition, le champ de rayonnement de la désintégration du noyau est soumis à des fluctuations d'intensité correspondantes, fluctuations qui doivent être perceptibles dans tous les phénomènes qui s'étendent dans le monde des apparences. Lors du développement ascendant d'un corps céleste, les changements d'état des champs doivent avoir une direction d'effet différente que lors du développement descendant du corps céleste.

La lumière – en tant que phénomène primordial, c'est-à-dire en tant que *première transformation de l'Absolu* – n'est qu'une section d'une échelle plus vaste de rayonnement énergétique.

Grâce à l'intensité de notre champ de rayonnement énergétique, les énergies provenant du Soleil sont transformées en rayons ul-traviolets, lumineux et ultra-rouges.

L'évolution d'un corps céleste se traduit par une augmentation de l'intensité du rayonnement central dans la phase ascendante du développement cosmique et par une diminution constante de l'intensité dans la phase descendante. Avec l'augmentation de l'intensité, les rayons cosmiques – c'est-à-dire les énergies spatiales qui nous parviennent d'autres corps célestes – doivent être de plus en plus fortement comprimés, de sorte que les rayons d'énergie générés dans ce processus sont amplifiés dans la direction des ondes énergétiques longues (ultra-rouge ou infrarouge). En revanche, le processus de compression devient de plus en plus faible au fur et à mesure que l'intensité du champ énergétique spatial diminue, de sorte qu'en plus d'une diminution des rayons énergétiques à ondes longues, une augmentation des énergies à ondes courtes (ultraviolet, etc.) doit être constatée. L'échelle des rayons énergétiques subit donc un déplacement par l'ultra-rouge dans la trajectoire ascendante et un déplacement par l'ultra-violet dans la trajectoire descendante de l'étoile.

Le caractère bilatéral de ce phénomène de changement d'état du champ est d'une grande importance. Si, par exemple, un corps céleste en cours de développement ascendant se trouve en face d'un corps céleste en cours de développement déscendant, il pourrait arriver que l'intensité croissante du rayonnement d'un corps céleste surcompense l'intensité décroissante de l'autre corps céleste, ce qui résulterait en l'apparence d'un rapprochement du corps céleste en cours de développement ascendant; c'est-à-dire, que ce dernier apparaît de plus en plus grand et plus brillant.

La *prétendu* "fuite des nébuleuses spirales"

Le fait que ce ne soit pas le cas dans notre relation avec l'environnement cosmique peut être déduit de ce que l'on appelle le décalage vers le rouge des lignes spectrales, qui doit être considéré comme un signe de la diminution de l'intensité du rayonnement de désintégration du noyau de la Terre. Dans les spectres des galaxies (nébuleuses spirales), on observe presque toujours un déplacement des raies spectrales vers les grandes longueurs d'onde, c'est-à-dire vers l'extrémité rouge du spectre. Le degré de ce décalage vers le rouge augmente avec la distance à la Terre. En utilisant l'effet Doppler, ces décalages vers le rouge sont généralement interprétés comme un mouvement de fuite des galaxies ("évasion des nébuleuses spirales"). Une grande partie de la spéculation cosmologique de notre époque, y compris l'idée de "l'expansion de l'univers", est basée sur cette interprétation.

La cause réelle des décalages vers le rouge est d'une toute autre nature. Selon leur véritable origine, nous recevons deux types de rayons énergétiques de chaque corps céleste: ceux qui proviennent de la désintégration du noyau du corps du monde en question (sans ondes) et ceux qui sont réfléchis par le champ énergétique spatial du corps céleste (en forme d'ondes, c'est-à-dire comprimés). Grâce à la grande sensibilité des rayons énergétiques, ce n'est que par cette réflexion que nous obtenons également des indications sur les processus d'oscillation matérielle de l'enveloppe gazeuse de l'étoile en question. Ces énergies ondulatoires, déjà transformées, se transforment alors en même temps à nouveau dans notre champ d'énergie ensemble avec les énergies provenant de la désintégration du noyau de l'étoile réfléchissante. Il convient d'ajouter que ce sont les rayons énergétiques réfléchis, qui sont à l'origine des lignes (principalement) sombres du spectre. Les deux types de rayons énergétiques doivent subir un degré différent de transformation et de déplacement dans notre champ. La diminution de l'intensité de notre champ énergétique s'accompagne d'un déplacement de l'échelle des rayons énergétiques cosmiques, notamment en direction des rayons à ondes courtes (déplacement vers le violet). Étant donné que les énergies réfléchies et déjà transformées, comme le montre clairement leur nature, ont une continuité résiduelle en elles-mêmes, elles connaîtront un déplacement dans notre échelle vers le rouge (déplacement vers le rouge) précisément en raison de leur persistance lorsque l'intensité de notre champ énergétique spatial diminue – c'est-à-dire avec la tendance de base du déplacement de l'échelle vers l'ultraviolet. En d'autres termes: L'ensemble de l'échelle des rayons énergétiques, y compris le spectre de l'arc-en-ciel, se déplace en direction de l'ultraviolet, seul le déplacement vers le violet des lignes spectrales ou des rayons énergétiques sur lesquels elles sont basées est plus faible.

En raison de la structure radiale du champ énergétique, la densité du champ à une certaine distance du centre de la Terre doit s'avérer trop faible pour que les rayons d'énergie, provenant d'étoiles lointaines, puissent être dirigés vers notre champ de vision. Si l'intensité, c'est-à-dire la densité du champ énergétique spatial, diminue, cette limite doit se rapprocher de nous. Pour l'observateur terrestre, ce rétrécissement du champ de vision cosmique doit se traduire par un éloignement ou une sorte de mouvement de fuite des corps lointains. Il découle également de la structure radiale du champ énergétique de l'espace ,que le degré de vitesse apparente de l´éloignement doit augmenter avec la distance du noyau. Le décalage vers le rouge presque universellement observé dans les spectres de raies des nébuleuses spirales, qui indique un mouvement apparent de fuite, et l'augmentation des valeurs de décalage vers le rouge avec l'éloignement de la Terre indiquent clairement que la réduction de l'intensité de notre propre champ est devenue mesurable d'une manière indirecte.[3] Si quelques rares nébuleuses spirales font exception à cette règle, cela est dû à l'énorme augmentation des processus de rayonnement au cours de leur développement.

L'augmentation observée du *rayonnement ultraviolet* (*rayonnement cosmique*) doit être considérée comme une preuve supplémentaire de la diminution du rayonnement de désintégration du noyau. Comme nous l'avons expliqué, cela est dû au changement d'échelle des énergies converties dans le rayonnement cosmique, ce qui nous amène à nous attendre à une augmentation des rayons d'énergie à ondes courtes à mesure que l'intensité du champ diminue.

Ces explications prouvent que les déclarations du philosophe italien Giordano Bruno sur le caractère des coïncidences dans tous les phénomènes qui se produisent dans le monde des apparences sont tout à fait exactes (dans son ouvrage "De la cause, du principe et de l'un"). La cause – l'Un – est le champ de rayonnement de désintégration du noyau de notre corps céleste, l'Absolu.[4]

Ce qui est remarquable, c'est que seul le type de rayonnement est immuable, et non son intensité. Cette circonstance, soumise à la loi du devenir et de la disparition, nous amène à considérer l'astre comme un grand organisme très vivant.

L'introduction de forces formatrices – d'une "âme mondiale" – modifierait encore considérablement nos idées antérieures sur un corps céleste, mais dans ce cadre – dans la première partie – nous devons nous limiter au comportement selon la loi naturelle à laquelle la volonté mondiale – ou l'énergie spatiale – est soumise. Nous devons encore ajouter quelque chose d'essentiel aux observations de base sur les changements d'état de notre champ de rayonnement énergétique. La structure radiale du champ entraîne une augmentation de la densité du champ vers le cœur de l'astre. Tous les phénomènes de gravité peuvent être attribués à cette augmentation de la densité du champ de rayonnement. Si l'état du champ d'énergie est maintenant modifié par le rayonnement d'énergie spatiale du soleil, l'effet – c'est-à-dire la force d'attraction en son'effet sur la surface de l'astre – doit également changer. Cela signifie que l'attraction terrestre, en tant qu'effet de base du champ de rayonnement, doit être plus importante la nuit, à l'état à peine comprimé, que le jour, et qu'une attraction gravitationnelle plus faible doit être observée aux latitudes équatoriales qu'aux latitudes plus élevées avec la même position du soleil.

La structure radiale de notre champ est à l'origine de ces différences, car le changement d'état du champ énergétique spatial provoqué par le rayonnement solaire est bien entendu beaucoup plus fort aux latitudes équatoriales qu'aux latitudes plus élevées ou aux pôles. Après ces considérations de base, nous pouvons maintenant classer tous les phénomènes et démontrer qu'ils dépendent entièrement de la densité du champ d'énergie. Tous les corps célestes de l'univers infini irradient de la volonté du monde libérée par la désintégration du noyau, alors les énergies de l'espace, y compris les planètes de notre système solaire. Toutefois, pour que le rayonnement du noyau des corps célestes voisins devienne visible, il faut toujours que l'intensité du rayonnement soit suffisamment forte pour produire l'échelle de rayonnement énergétique reconnaissable par l'œil humain en interaction avec notre champ d'énergie. Ainsi, si nous ne recevons principalement que les énergies solaires réfléchies par les autres planètes de notre système, c'est parce que leur distance par rapport à la Terre est trop grande par rapport à l'intensité de leur champ et à l'intensité de notre champ énergétique spatial. Cela signifie qu'en plus des énergies solaires réfléchies par les planètes, des énergies provenant de leur propre rayonnement pénètrent toujours dans notre champ et sont transformées en conséquence. La lune, elle aussi, ne réfléchit pas seulement les énergies solaires, mais des énergies provenant de son propre rayonnement pénètrent également dans notre champ, mais ce rayonnement propre est devenu si faible, ce qui est reconnaissable à l'absence de rotation axiale, que ces énergies ne sont pas visibles pour nous; elles doivent donc être déplacées bien au-delà de l'ultraviolet.

L'erreur de Newton

Nous avons dit que la lumière est un champ de rayonnement énergétique comprimé. Ce qui devient une onde d'énergie mesurable pendant le jour rayonne la nuit – dans le champ essentiellement non comprimé – dans un emballage compacte le plus dense. Puisque le champ de rayonnement radial du noyau est à l'origine de la force d'attraction (gravitation) de l'étoile, cet effet d'attraction doit également changer avec le changement d'état du champ, c'est-à-dire que l'effet d'attraction sur la matière doit être moindre dans le champ comprimé – c'est-à-dire au jour – que la nuit. De plus, à la position zénithale du Soleil – c'est-à-dire aux latitudes équatoriales où la compression est la plus forte – la réduction de la force d'attraction doit également être la plus importante, alors qu'elle devient de plus en plus faible vers les pôles. Tout comme les différences de vitesse de chute aux différentes latitudes géographiques sont dues à des différences dans le changement d'état de notre champ, il en va de même pour les marées, c'est-à-dire les mouvements des océans. Cela signifie que la cause du flux et du reflux se trouve dans le rayonnement solaire – d'une manière secondaire – et dans notre champ d'énergie, qui est comprimé par le rayonnement solaire – d'une manière primaire. Les mouvements rythmiques des océans, flux et reflux, sont donc dus aux changements d'état de notre champ de rayonnement, et comme le changement principal dans le champ est causé par le rayonnement solaire, le Soleil est également le facteur principal du mouvement de marée des océans. Lorsque nous recevons de l'énergie de la lune, ce sont principalement les rayons d'énergie spatiale de l'étoile centrale réfléchis par sa surface (et par son champ d'énergie dans la région superficielle) qui sont convertis dans notre champ et qui, par conséquent, influencent également les conditions gravitationnelles, notamment dans le sens d'une réduction de la gravité de la Terre.

Les scientifiques sont convaincus que la lune est la cause principale des mouvements de marée des océans (en raison de l'effet de déformation supposé du champ gravitationnel de la lune sur la terre selon l'hypothèse de l'attraction de masse); en revanche, au soleil est attribué une part beaucoup plus faible causant les marées. En réalité, la lune n'acquiert une plus grande importance que grâce à sa propriété de réflecteur des énergies solaires, le champ énergétique spatial du soleil. La cause principale reste donc le soleil ou notre champ de rayonnement énergétique, qui subit des changements d'état différenciés avec un effet de réduction de la gravité en raison de l'interaction opposée avec les énergies solaires. La preuve en est que la hauteur de l'onde de marée dépend de la phase de la lune, c'est-à-dire qu'elle est plus faible au moment du croissant de lune qu'à la pleine lune, c'est-à-dire lorsque la lune est pleinement efficace en tant que réflecteur des rayons d'énergie du soleil.

En raison de l'inertie des masses d'eau, la réduction de la force d'attraction causée par le rayonnement diurne se traduit par un retard de l'onde de marée haute, de sorte que l'effet du rayonnement solaire sur les côtes continentales ne devient le plus perceptible que six à douze heures après la position haute du soleil. À ce moment-là, cependant, la lune s'est déjà levée, de sorte que les énergies réfléchies par elle (et, dans une moindre mesure, le rayonnement lui-même) forment maintenant la deuxième onde de marée et, correspondant à l'intensité plus faible du rayonnement, une onde de marée également plus faible.

En raison de son effet réfléchissant, la lune est donc à l'origine de deux vagues de marée dans les 24 heures. En même temps, elle est aussi à l'origine du retard des marées par rapport au rythme déterminé par la rotation axiale de la Terre. Si les mers d'une superficie moins étendue ne présentent pas de phénomène de marée significatif, c'est parce que leur surface n'est pas exposée simultanément aux différentes conditions de gravité entre le jour et la nuit.

Le fait que les phénomènes de marée se produisent en même temps sur les mêmes méridiens prouve tout autant l'explication des marées donnée ici que le fait que les phénomènes de marée sont les plus forts dans les régions équatoriales et deviennent de plus en plus faibles vers les pôles. –

De même que l'attraction de tous les corps dans les zones correspondantes de la surface des deux corps célestes est réduite dans la ligne reliant deux corps célestes en raison de la compression des champs énergétiques spatiaux opposés, l'effet d'attraction des corps célestes l'un sur l'autre est également réduit, dans la mesure où les énergies rayonnées subissent mutuellement une compression et une transformation. En conséquence, le champ d'énergie spatiale de chaque corps céleste maintient la distance avec les corps célestes voisins avec son intensité.

La croissance et la décroissance des corps célestes, l'augmentation et la diminution de l'intensité de leurs champs d'énergie, entraînent inévitablement un mouvement de chaque corps céleste dans la direction où le rayonnement est le plus intense. Le système solaire se déplace à l'intérieur de l'amas d'étoiles, la Voie lactée, dans une direction bien définie. La dépendance des planètes à l'égard de l'étoile centrale prouve que le Soleil seul maintient la connexion avec les étoiles dans la direction du mouvement grâce à l'énorme intensité de son champ d'énergie spatiale. Bien que le Soleil soit entouré de tous côtés par des étoiles voisines (soleils voisins), cela signifie également que les champs d'énergie qui agissent dans le sens du mouvement du système solaire sont les plus forts pour le Soleil. Par conséquent, la face du soleil orientée dans le sens du mouvement c'ést-à-dire la section correspondante de son champ énergétique spatial doit être plus fortement influencée que la face qui lui est opposée. Cette différence d'influence sur le champ énergétique solaire se traduit par une résistance différente des champs énergétiques spatiaux des étoiles voisines qui ne se trouvent pas dans la ligne de mouvement, ce qui a un effet sur la rotation axiale du soleil. Le champ énergétique de l'espace participe naturellement à cette rotation axiale et force ainsi les étoiles voisines qui dépendent du Soleil à se déplacer.

La *rotation axiale des planètes* participe naturellement à cette rotation axiale du Soleil et oblige les corps célestes dépendant du Soleil, les planètes et les planétoïdes, à se déplacer dans une direction autour de lui. La rotation axiale des planètes s'explique par l'intensité de leurs champs énergétiques, notamment parce que ceux-ci sont suffisamment puissants pour être influencés de manière différenciée par le rayonnement des étoiles voisines provenant de la direction du mouvement de l'ensemble du système solaire. La résistance différente que les rayons énergétiques spatiaux du soleil rencontrent en raison de la compression différenciée provoque la rotation de la planète concernée. Si l'intensité du champ énergétique spatial d'une planète est devenue si faible qu'elle ne réagit plus aux processus de rayonnement différenciés au sein de la Voie lactée, la rotation cesse. C'est le cas de notre satellite ,la lune,(une planète antérieure).[5] La situation est similaire pour la planète la plus proche du soleil, Mercure, qui ne tourne son axe qu'environ 1,5 fois au cours d'une orbite solaire. En revanche, les planètes Jupiter et Saturne, par exemple, ont des vitesses de rotation élevées, car la plus grande zone d'influence cosmique due à un champ d'énergie plus puissant entraîne également une résistance particulièrement différenciée aux rayons énergétiques spatiaux du soleil.

Pour visualiser cela, nous pouvons imaginer les champs énergétiques spatiaux comme des anneaux de dents qui s'emboîtent pour produire à la fois la rotation et le mouvement orbital des planètes. Plus l'intensité du rayonnement du noyau augmente, plus la rotation de l'axe s'accélère et plus le mouvement orbital d'une planète s'accélère; plus l'intensité du champ diminue, plus la vitesse de rotation et l'orbite ralentissent.

Outre la rotation de l'étoile centrale et le mouvement orbital des planètes qui en résulte, l'augmentation unilatérale du rayonnement énergétique dans notre système entraîne une distorsion orbitale de toutes les planètes par rapport à la forme circulaire. Car le Soleil ést situé à l'un des points focaux de l'ellipse orbitale, il en résulte que chaque planète tourne autour du Soleil à un point d'approche le plus proche du Soleil, appelé périhélie. L'intensité croissante ou décroissante du rayonnement du cœur de chaque étoile entraîne la variabilité des orbites planétaires. Lorsque l'intensité du champ énergétique augmente, les planètes s'éloignent de l'étoile centrale dominante en spirale, car plus la compression du rayonnement est importante, plus l'effet attractif est altéré. D'autre part, lorsque l'intensité diminue, on peut s'attendre à ce que les planètes se rapprochent du Soleil en spirale, étant donné que le pouvoir de pénétration et l'effet d'attraction du rayonnement augmentent avec la diminution de la compression du rayonnement. En raison de l'approche avec une intensité décroissante, des *déviations dans les transits au périhélie des planètes* doivent donc devenir perceptibles à des intervalles plus longs.

Dès les années 40 du siècle dernier (du 19me siècle), une déviation du périhélie a été déterminée pour la planète Mercure, ce qui contredit l'hypothèse de l'attraction de masse de Newton. Des écarts de périhélie similaires (bien que plus faibles) ont également été déterminés pour les autres planètes internes – Vénus, Terre et Mars. Ces écarts du périhélie doivent être considérés comme des preuves des changements d'intensité des radiations. L'hypothèse de l'attraction de masse – c'est-à-dire l'interaction gravitationnelle sans entrave de toutes les particules matérielles dans l'espace – est tout aussi fausse que l'application de cette hypothèse au mouvement des corps célestes. Toutes les "preuves" présentées en faveur de cette hypothèse (y compris l'expérience de la balance tournante de Cavendish) ne résistent pas à un examen critique.[6]

Le fait que, malgré tous les écarts, une si grande cohérence des mouvements planétaires puisse être observée est dû au fait que tous les corps célestes du système solaire qui sont soumis à leur propre désintégration du noyau ont une densité de champ d'énergie décroissante; les relations restent donc – en approximation – pour de longues périodes de temps.

Notre œil ne transmet qu'un monde d'apparences par l'intermédiaire de notre champ énergétique

Étant donné que le degré de changement d'état des champs dépend entièrement de leur intensité, la lumière que nous recevons est également déterminée par l'intensité de notre champ, nous pouvons conclure de la faiblesse clairement reconnaissable du champ lunaire que les énergies irradiées n'y sont que très faiblement converties, la lumière doit donc être déplacée bien au-delà du violet. En d'autres termes, l'environnement étoilé s'est apparemment éloigné de la lune. Cela ne s'applique pas aux terriens qui atteignent la lune, car ils sont équipés d'yeux "calibrés" sur les longueurs d'onde de la Terre et sont donc incapables de détecter l'évanouissement de l'horizon cosmique d'une autre étoile. Nous devons imaginer le champ énergétique spatial en relation avec le cercle de vision cosmique comme l'effet d'une lentille variable qui, avec l'augmentation de l'intensité du rayonnement du noyau, fait apparaître le "ciel" et disparaît progressivement au cours de la phase descendante du développement.

Cela signifie, qu'à l'époque de l'apogée du développement matériel, c'est-à-dire à l'époque de la plus grande intensité de rayonnement, lorsque la volonté du monde rayonné, en raison des énormes différences de gravité entre le jour et la nuit (la compression des énergies rayonnées étant bien sûr incomparablement plus forte qu'aujourd'hui), la Terre était encore capable de traverser les couches supérieures de la matière et de former sa surface fortement profilée, tandis que l'environnement étoilé semblait beaucoup plus proche qu'il ne l'est pour nous aujourd'hui. *Nos yeux ne transmettent qu'un monde d'apparences par l'intermédiaire de notre champ énergétique!*

Il découle de la rotation de la Terre que la réduction de la gravité ou le changement d'état de notre champ, causé par l'énergie solaire, est un glissement continu. C'est à cela que sont dues les errances observées dans le lit des rivières parallèles au méridien, ainsi que les déviations de la ligne droite en chute libre (de l'ouest vers l'est). Les différences dans les mesures de la vitesse de la lumière, qui ont été effectuées à différentes époques et à différentes latitudes, sont donc également dues aux différents états de notre champ d'énergie spatial.

Parmi les phénomènes lumineux, les aurores peuvent également être rattachées à leurs causes. Les énergies provenant du Soleil rencontrent les énergies rayonnées par la Terre dans les zones polaires à un angle de 90 degrés (ou approximativement) et font vibrer ces dernières si fortement qu'elles deviennent visibles à nos yeux sous forme de bandes de couleur. La raison de leur dépendance à l'égard des taches solaires apparaît clairement lorsque nous analysons l'origine des taches de notre étoile centrale.

Après les explications précédentes, il apparaît clairement que le célèbre expériment des physiciens Michelson et Morley à Chicago (description détaillée de l'expériment à la page 105 et suivantes) n'a pas pu produire de résultat, les franges d'interférence attendues n'ont pas pu se matérialiser parce que l'hypothèse de "l'éther au repos" sur laquelle l'expériment était basé était erronée. Le champ d'énergie spatial – c'est-à-dire l'éther – est formé de la désintégration du noyau lui-même, c'est-à-dire qu'il est porté par la Terre elle-même dans son centre d'origine.

La structure radiale du champ d'énergie signifie également qu'il a le caractère d'un champ de guidage, c'est-à-dire que grâce à l'augmentation de la densité du champ vers le noyau, une déviation des énergies rayonnées par rapport à la ligne droite est également possible. *Tous les rayonnements d'énergie subissent une certaine courbure*, à moins qu'ils n'atteignent exactement les énergies rayonnées par la Terre au point d'observation correspondant à un angle de 180 degrés, ce qui se traduit par un changement apparent de la position de l'astre concerné.

Le fait que le degré de courbure des énergies irradiées varie avec l'angle d'irradiation a été clairement démontré lors de l'expédition sur les éclipses solaires organisée en 1919 de l'ère chrétienne. Il a été observé que les rayons d'une étoile située derrière le Soleil et aussi cachée par lui, selon les calculs orbitaux, étaient encore déviés dans le champ de vision de l'observateur après avoir franchi le bord du Soleil (changement apparent de position de l'étoile). Les rayons énergétiques ont donc subi cette courbure grâce à la forme radiale des champs énergétiques spatiaux du Soleil et de la Terre. Les rayons énergétiques déjà courbés par le champ solaire subissent une nouvelle courbure dans le champ terrestre, dont le degré dépend de l'angle d'incidence, c'est-à-dire qu'il varie à la fois avec la latitude et la longitude. Avec cette explication de la courbure des rayons énergétiques, l'idée d'Einstein d'une déviation de la lumière dans le champ gravitationnel du Soleil causée par la "courbure de l'éspace" à proximité du Soleil (selon la théorie générale de la relativité), ne s'applique plus.

Il devrait être clair, d'après ce que nous avons dit jusqu'à présent, que toutes les mesures astrophysiques – températures, densité, etc. – sont incorrectes, car elles sont basées sur de fausses suppositions et des hypothèses erronées. Avant d'aborder d'autres phénomènes liés aux changements d'état des champs, nous voulons prouver que la matière dépend entièrement de la densité du champ d'énergie.

Nous avons montré que la lumiére résulte entièrement en dépendance d'un changement de l'intensité du champ d'énergie, nous avons expliqué que le fameux décalage vers le rouge ou l'apparente "fuite des nébuleuses spirales" est dû à la diminution de l'intensité du champ de rayonnement de la désintégration de notre noyau, un "déclin" déjà reconnaissable de notre étoile. Ce phénomène de vieillissement doit donc nécessairement avoir un effet sur la matière. La question posée à plusieurs reprises par W. Heisenberg et d'autres physiciens sur la cause des mouvements supposés des atomes trouve sa réponse dans l'effet du rayonnement de désintégration du noyau. Le rayonnement libéré par désintegration du noyau de chaque corps céleste, du noyau de chaque étoile, provoque à la fois la cohésion de la matière et la rotation des particules fragmentées de l'énergie de l'espace. La vitesse de rotation est déterminée par la densité du champ; lorsque celle-ci augmente vers la région de désintégration du noyau, les rythmes d'oscillation des particules d'énergie spatiale augmentent également vers le noyau et diminuent à mesure que l'on s'en éloigne.

Si nous observons actuellement une décroissance de 12 *éléments* à la surface du corps céleste, c'est-à-dire à une certaine distance du noyau, nous pouvons dire que ce phénomène, semblable à la fuite apparente des nébuleuses spirales, annonce la décroissance de l'intensité du rayonnement de la Terre. Les "*demi-vies*" des différents éléments radioactifs déterminées par les scientifiques perdent l'importance qu'elles avaient dans l'orientation du temps lorsque l'on prend en compte le développement vivant de notre corps céleste. Il en va de même pour l'histoire de la Terre, en général pour toutes les idées scientifiques à ce sujet. Elles ne tiennent pas compte de la loi fondamentale de tous les phénomènes appartenant au monde des apparences, la loi du devenir et de la disparition, le cours très vif de la montée et de la descente.

"Panta rhei", dit Héraclite, "tout coule". Ainsi, toutes les formes de matière dépendent entièrement de la densité du champ énergétique. Lorsque des fragments de matière de nature inconnue pénètrent dans notre champ énergétique depuis l'espace, ces particules d'énergie spatiale subissent un réarrangement atomique, c'est-à-dire que les énergies qui vibrent en elles sont captées par la densité du champ énergétique de la Terre et accélérées d'une manière qui est déterminée par la densité de notre champ. Comme ce processus de réarrangement atomique est fortement accéléré par l'impact rapide des météorites, les particules deviennent incandescentes ou se vaporisent. La dépendance totale des formes de la matière de l'intensité de notre champ énergétique spatial signifie donc que nous ne recevons jamais rien d'autre de l'espace que les éléments de la Terre que nous connaissons. Il faut donc imaginer que la richesse des formes de la création est illimitée, et admettre que les phénomènes qui apparaissent ici sur Terre ne permettent pas de tirer des conclusions sur les formes d'apparition sur d'autres corps célestes.

Si peu les éléments des météorites nous permettent de tirer des conclusions sur la structure matérielle de l'univers, les résultats de l'analyse spectrale sont tout aussi limités; en effet, toutes les énergies qui nous parviennent d'autres corps célestes subissent une transformation dans notre champ, et les lignes observées permettent seulement de conclure que, outre le rayonnement intrinsèque des différents corps célestes observés, des énergies réfléchies, c'est-à-dire des énergies rayonnées par d'autres corps célestes, sont également dirigées vers notre champ de vision. Ce n'est que par cette réflexion que le rayonnement ondulatoire dirigé vers notre champ d'énergie acquiert les propriétés qui laissent apparaître les raies familières dans l'analyse spectrale. Seules la réflexion et la présence de matière sous forme gazeuse peuvent être déduites des raies spectrales, mais pas certains éléments que nous connaissons ici.

La structure solide des corps célestes

Les *états agrégés* (état agrégé = état extérieur de la forme – gazeux, liquide, solide) de la matière dépendent aussi entièrement de la densité du champ d'énergie. Ce n'est donc qu'à la surface de notre terre – et il s'agit toujours d'une constatation concernant la distance par rapport à la région de désintégration du noyau, la source de l'absolu – que le changement d'agrégat se produit dans les différents éléments aux températures déterminées. Plus nous nous rapprochons de la région du noyau, plus les températures doivent être élevées, c'est-à-dire plus la dépense energetique nécessaire pour accélérer la rotation atomique de manière à ce qu'un changement global se produise est importante. Plus on s'éloigne de la surface, moins il faudra dépenser d'énergie pour provoquer un changement global.

Nous devons donc supposer que même dans les couches les plus profondes de la Terre – à l'exception de la région de désintégration du noyau, bien sûr – les formes de matière qui nous sont inconnues sont solides, mais pas "en fusion" comme l'ont conclu les scientifiques de la Terre sur la base de l'activité volcanique ou même sur la base de ce que l'on appelle le "*niveau de profondeur thermique*" calculée. Dans le cas des *volcans*, un phénomène particulièrement intéressant apparaît aujourd'hui. Nous savons qu'en raison de l'irradiation diurne et nocturne, des états différenciés correspondants de notre champ énergétique – soulagement le jour et pleine charge la nuit – se produisent en alternance rythmique, que le sommeil et l'éveil de l'être humain sont déterminés par ce même processus, et que ces différentes conditions gravitationnelles sont déterminées par le même processus. et que les couches de la Terre sont en tension constante en raison de ces différentes conditions gravitationnelles.

Aux anciens bords de rupture, qui ont subsisté à l'époque des grands déplacements tectoniques, la matière en passage rapide est poussée à la surface dans ce changement de tension. Les particules de matière qui tournent plus rapidement à une plus grande profondeur – c'est-à-dire dans un emballage plus dense du champ énergétique – sont projetées à une plus grande distance du noyau. La rotation atomique, en s'accélérant avec une plus grande distance du noyau, devient suffisante pour produire un état d'agrégation différent, c'est-à-dire qu'au lieu d'être solide, il devient liquide et nous observons l'émergence de la lave en fusion dans les volcans. Les geysers aux États-Unis et en Islande, ainsi que les sources chaudes, sont également dus aux changements rythmiques de l'état du champ énergétique – c'est-à-dire la décharge au jour et la charge pendant la nuit. La chaleur ne se trouve donc pas dans les profondeurs, mais dans le passage rapide à travers des zones de moindre densité du champ.[7]

En outre, il y a bien sûr les déplacements causés par l'atmosphère – par l'air moyen – mais il est certain que la cause principale de toutes les considérations se trouve dans la cause réelle – le champ de rayonnement de la désintégration de l'énergie. Les tensions dans les couches terrestres résultant des rapports de gravité différenciés entre le jour et la nuit expliquent également les déplacements terrestres qui ont un effet sur les tremblements de *terre*.

Les formes de la matière dans les profondeurs de la Terre, grâce à la structure radiale du champ de rayonnement et à sa signification déterminante, échappent nécessairement à tout accès exploratoire. De même que l'espace – l'âme du monde – échappe à toute tentative de mesure, c'est-à-dire que toute mesure devient illusoire, la zone centrale d'un corps céleste, à partir de laquelle la volonté mondiale rayonnante – l'Absolu – alimente le mouvement du corps céleste, rejette tout effort de recherche.

Nos organes de perception sensorielle, formés à partir des formations de matière de la surface du corps céleste, ne sont également aptes qu'à saisir cette sphère de vie (au sens large). Tout ce qui apparaît dans cette sphère de vie est un effet; nos organes sensoriels ne saisissent jamais la cause – selon les enseignements de Giordano Bruno. Pour reconnaître la cause, comme le dit Héraclite, il faut une "vie subtile de l'âme". Dans les Upanishads, on répète à l'envi que l'atma – l'âme – est le facteur décisif de toute connaissance. Le monde des effets ou des apparences est à juste titre appelé "maya" – apparence; cela ne met pas en doute l'existence réelle de ce monde, mais indique seulement que la recherche de la cause d'atma – l'âme – est d'une importance décisive. Quiconque considère l'effet comme la cause, quiconque assimile l'âme au corps, appartient, selon les Upanishads, aux "mauvais esprits".

Avant de remonter aux causes de l'électricité et du magnétisme, nous voulons organiser certains phénomènes astronomiques afin d'en savoir plus sur la mutabilité de l'énergie spatiale.

La couronne de reflet du soleil

Tout d'abord, il faut souligner que, selon ces explications, les *taches solaires* ne peuvent pas être des particularités de la surface du soleil, mais seulement des réductions de l'intensité du rayonnement énergétique du soleil en fonction de l'angle de la Terre. Ces réductions d'intensité sont causées par le rayonnement d'autres corps célestes ou de leurs champs d'énergie, processus que l'on peut observer sous forme de taches sombres. La façon dont ces taches se déplacent prouve la justesse de cette explication, car leur vitesse de mouvement est différente selon les latitudes héliographiques, ce qui ne peut s'expliquer que par des mouvements de réflexion. Supposer une vitesse de rotation différente selon les latitudes héliographiques, comme le font les scientifiques, est contraire à toute considération rationnelle. Comme la compression des énergies rayonnées dépend de l'intensité du champ énergétique spatial de l'astre concerné, on peut supposer que les petits champs énergétiques des planètes doivent également avoir une grande importance pour le soleil, étant donné l'énorme intensité du champ énergétique solaire. Un coup d'œil à la couronne solaire montre clairement qu'ils sont même d'une importance primaire.

L'extension de la couronne aux latitudes équatoriales jusqu'à ±30 degrés et la couronne relativement stable au-dessus et au-dessous de cette zone, indiquent clairement les planètes, car elles se déplacent dans le plan équatorial du soleil. Parmi les planètes, les champs d'énergie de Jupiter et de Saturne seront à nouveau les plus importants. En outre, le changement rapide de la forme de la couronne pointe vers les planètes, car les grandes étoiles voisines du Soleil ont un mouvement plus constant que celui qui pourrait être associé au changement rapide de la forme de la couronne.

La forme de la couronne, en revanche, montre que lorsque le rayonnement propre d'une étoile est important, les énergies irradiées n'atteignent même pas la surface de l'étoile, mais sont déviées et réfléchies dans la couche atmosphérique, voire à l'extérieur de celle-ci.

C'est la raison pour laquelle nous ne pouvons pas obtenir une image de la surface solide du soleil, de Jupiter ou de Saturne. Nous ne pouvons nous faire une idée de la composition de la surface d'une étoile que si cette surface constitue la paroi réfléchissante des rayons énergétiques réfléchis. Déjà réfléchies dans la zone atmosphérique ou même en dehors de celle-ci, les énergies manquent de différenciation pour transmettre l'impression picturale. C'est donc grâce à la faible intensité du champ de la lune que l'on obtient une image en relief de sa surface.[8]

La couronne et les taches solaires (également appelées *proéminences*) ne sont que des formes différentes du même phénomène accessible à notre faculté cognitive: le rayonnement de l'énergie provenant d'autres corps célestes. Ceci est également cohérent avec le fait que la forme de la couronne est presque circulaire lorsque les taches solaires sont abondantes, alors que les taches solaires apparaissent rarement aux latitudes équatoriales lors d'une expansion radiale.

Fragmentations d'énergie

L'interaction des champs énergétiques spatiaux Soleil-Terre a des conséquences importantes. Dans la sphère où la densité du champ énergétique est la plus élevée – c'est-à-dire la sphère de surface au sens large – l'imbrication des champs fait éclater des rayonnements énergétiques qui ne sont pas encore de la matière, mais qui ne sont pas non plus des rayonnements. Une forme d'énergie spatiale qui se situe pour ainsi dire au milieu, entre la lumière et la matière, et qui représente une solution temporaire dans la structure intérieure. Comme ces éclats d'énergie doivent leur origine à un effet répulsif et à un effet attractif, parce que le champ d'énergie du soleil dans sa supériorité attire, le champ d'énergie de la terre repousse, ou sait maintenir la distance entre les étoiles avec son rayonnement, ces fragments énergétiques, qui représentent un arrangement provisoire, conservent également les propriétés correspondantes et saturent toute la surface de la terre au sens large de leur génération quotidienne.

Ces particules d'énergie entraînent la Terre dans un gradient de tension que nous appelons *magnétisme*. Il s'agit en fait d'énergie spatiale provenant du processus de rayonnement du soleil et de la terre; et notre *électricité* utilisable est une exploitation de ce surplus de saturation en utilisant le gradient de tension de son origine.

De même que le rayonnement des énergies spatiales du soleil modifie l'état de notre champ et crée de la lumière, de même les particules d'énergie sous forme de tension électrique peuvent provoquer des changements d'état d'une nature limitée – avec l'effet de la lumière (par exemple, la lumière artificielle).

Les étoiles ne sont pas des corps inertes et lourds

La philosophie créative est toujours en harmonie intime avec la nature. Aussi simple et claire que la nature, la philosophie doit être tout aussi claire. Le signe distinctif du chaos est la confusion et l'abstraction; l'apostasie de Dieu – du Créateur du monde – est évidente dans le manque d'esprit loquace introduit dans le monde par les sophistes de la Grèce. – Cette apostasie de Dieu se manifeste par le fait qu'ils se détournent de la nature, voire qu'ils la méprisent. On rapporte que Socrate a dit: "La nature déraisonnable n'est pas digne d'être étudiée."

Tirons des remarques précédentes les conclusions qui s'imposent afin de détacher nos idées de celles qui sont restées jusqu'à présent en surface.

La Terre n'est donc pas un "ellipsoïde de rotation", car elle reçoit sa déformation par la nature différenciée de changement d'état du champ mentionné ci-dessus, qui est naturellement plus fort aux latitudes équatoriales qu'aux pôles, ce qui est encore prouvé aujourd'hui par les hauteurs des raz de marée que l'on peut observer dans les mouvements des océans du monde. – Toutes les forces apparaissant à la surface de la Terre sont des conséquences – ou des effets – de la même cause: la structure radiale du champ de rayonnement de l'énergie de désintégration de notre noyau. – Par rapport à l'ensemble du corps céleste, ces phénomènes cessent d'exister. Cela signifie que les choses ne pèsent que sur la surface de l'astre, mais que l'ensemble de l'astre ne pèse rien! Comme les effets gravitationnels, partant du centre de l'astre, rayonnent dans toutes les directions, en même temps, s'annulent.

Ces conclusions tirées de la structure radiale de notre champ énergétique sont tout à fait cohérentes avec le point de vue de Giordano Bruno. Dans son livre "De l'infini, de l'univers et des mondes", on peut lire: "Nous prouverons qu'aucun des innombrables corps du monde qui existent n'est lourd ou léger en soi. Cette propriété ne convient qu'aux parties, dans la mesure où elles tendent vers leur ensemble et vers le lieu de leur conservation, elle n'a donc pas de sens pour l'univers...". À sa place, la Terre n'est donc pas plus lourde que le Soleil à sa place, ou Saturne à sa place, ou l'étoile polaire à sa place".[9]

Transformations de l'énergie spatiale

Sur la base d'une intuition créatrice, nous avons trouvé l'Absolu dans le champ de rayonnement de désintégration du noyau d'un corps céleste; c'est à-dire la volonté du monde comme " matériau de construction du monde". – Nous montrerons qu'il s'agit bien du matériau de construction du monde en catégorisant un autre phénomène. Les explications ont été délibérément dépourvues de toute prolixité afin de ne pas obscurcir l'unité de la catégorisation de tous les phénomènes au sein du monde des phénomènes. La remontée des phénomènes énumérés ici à la "cause fondamentale" est résumée comme suit (voir page prochaine).

Après ces explications, il ne reste plus qu'à trouver le passage de la lumière à la matière pour boucler la boucle.

Nos explications précédentes nous donnent déjà une idée du fait que tout ce qui appartient au monde des phénomènes ne peut être ramené qu'à des différences d'état de la volonté mondiale – l'énergie de l'espace. Le premier changement d'état reconnaissable par nos organes de perception sensorielle est la lumière. Comme ce changement d'état de notre champ de rayonnement énergétique est (essentiellement) causé par le rayonnement des énergies solaires, la puissante contre-action des champs provoque la dispersion du rayonnement, la densité du rayonnement nocturne ne peut être comparée à celle du rayonnement diurne. Les différents effets d'attraction des ondes de marée illustrent clairement ce processus. – En raison de la structure radiale de notre champ, ce processus de compression doit être le plus fort dans les zones de la sphère de surface au sens large. Il en résulte un éclatement des champs de rayonne-ment Soleil-Terre, qui sont imbriqués les uns dans les autres comme un anneau de dents et qui sont à l'origine du magné-tisme et de l'électricité. Par rapport au champ de rayonnement nocturne proprement dit (c'est-à-dire relativement peu pressu-risé), ces fragmentations représentent une dispersion encore plus grande que celle qui existe déjà pour la lumière. Ce proces-sus de fragmentation est dû à la contre-action des champs de rayonnement. –

Si de tels processus se produisent avec plus de vigueur, l'état temporaire sur lequel repose le magnétisme se transforme en matière. Ce processus peut être observé dans ce que l'on appelle la *matière lumineuse zodiacale*. Les champs d'énergie les plus puissants de notre système solaire – surtout celui du Soleil contre ceux de Jupiter et de Saturne – se sont opposés les uns aux autres, si bien que le plan équatorial du Soleil est rempli d'une poussière très fine. Cette poussière interplanétaire est à l'origine du phénomène de la lumière zodiacale aux latitudes équatoriales de la Terre. Si nous regardons les photographies ou les dessins de Saturne avec ses anneaux dans les livres d'astronomie, nous pouvons maintenant conclure que lorsque l'étoile a été créée, les énergies provenant de la contre-action des radiations de nombreuses étoiles se sont transformées en bandes et au lieu de la concentration autour d'un point de désintégration envisagée par le créateur du monde (c'est-à-dire au lieu d'une lune), ces bandes de Saturne se sont formées.

Avec ces explications, nous sommes déjà parvenus à la cosmogonie. Cependant, nous devons nous limiter ici, car la cosmogonie est le processus le plus spirituel de la création. Nos explications n'auront au départ pour but que d'attirer la volonté du monde – l'énergie de l'espace – dans le champ de vision de nos considérations en tant que cause fondamentale et de relier l'absolu, au sens d'une véritable métaphysique, au monde des phénomènes de manière si convaincante que nous puissions passer d'une pensée attachée à la surface de la terre à une pensée cosmique; que nous puissions remplacer la pensée abstraite et spéculative de caractère analytique marqué, courant en Occident, par une pensée créative, vivante et synthétique. –

EFFETS		CAUSE
Gravité	Force d'attraction Chute libre Marée basse et marée haute Migration du lit de la rivière Différences de vitesse de chute	Champ de rayonnement du noyau de la Terre
Lumière	Lumière du jour Rayonnement ultraviolet Rayonnement ultra-rouge, Lumière de la lune et des étoiles Lumières polaires	Changements dans l'état du champ de rayonnement du noyau
Électricité et magnétisme		Fragmentation énergétique des champs Soleil – Terre due aux interactions
Les mouvements orbitaux des corps célestes ainsi que les rotations des axes		les champs de rayonnement centraux de tous les corps célestes interconnectés
Matière	Rotation et cohésion atomiques, Inertie ("masse inertielle") Radioactivité, Météores, Changement d'agrégat, Volcans et geysers	Densité du champ d'énergie (dépendance de tous les phénomènes par rapport à l'intensité de l'emballage de rayonnement)

Selon ces explications, le "matériau de construction du monde" est la volonté du monde, la "volonté" du créateur du monde – ou, comme le dirait un Indien, "tout est Brahm". La volonté du monde ou énergie de l'espace se révèle à nous dans les états les plus divers, et pour autant que nous l'ayons résumée ici, la séquence suivante peut être montrée:

État d'origine		Rayonnement nucléaire
I.	Transformation	Lumière et chaleur
II.	Transformation	L'électricité
III.	Transformation	Matière lumineuse zodiacale
IV.	Transformation	Les anneaux de Saturne
V.	Transformation	et la grande nébuleuse de la constellation d'Orion
VI.	Transformation	La plus grande concentration de matière: une étoile

L'animation des étoiles

La vision métaphysique du monde esquissée ici – en remontant à l'Absolu – montre les traits d'une spiritualité la plus élévée , qui doivent inévitablement être inhérant à la création, si l'on veut considérer la spiritualité de l'homme comme le fondement de la création. Cela révèle

"Ce qui tient le monde ensemble au plus profond de son être " (Goethe, Faust) – la volonté du monde, la volonté du créateur du monde! –

La création ne connaît pas de problèmes – mais nous, les humains, pouvons faire un problème de la chose la plus simple. En réalité, la création ne connaît qu'un seul problème: l'homme; sa tâche était et sera toujours de résoudre ce problème en lui-même. ("Connais-toi toi-même! "au sens de l' ancien grec, ça veut dire "anamnesis" = mémoire des naissances antérieures).

Avec nos explications, nous avons enfin atteint ce point de vue cosmique à partir duquel nous pouvons considérer tous les astres de l'univers comme animés. Aucun corps céleste n'émet de la lumière ou de la chaleur, et les champs de rayonnement de tous les corps célestes transforment le rayonnement à des niveaux tolérables pour les processus vitaux. – Le Soleil n'est donc pas un corps chaud, il est aussi peu chaud que toutes les autres étoiles dites "fixes", et le sens profond de la création de tous les corps célestes n'est révélé que par la connaissance de la sphère de l'Absolu, par la connaissance des lois de l'univers qui interviennent dans la sphère de l'Absolu.[10]

L'arc-en-ciel comme mesure cosmique du temps

Même si nous devons nous limiter à ces explications, nous voulons toujours combiner ce qui semble être un processus purement physique avec la métaphysique afin de souligner la spiritualité de notre vision du monde cosmique.

Nous avons expliqué que dans le mouvement ascendant et descendant de la Terre, la nature des changements d'état de notre champ énergétique spatial change. À cette époque, que les scientifiques appellent la période tertiaire, l'environnement étoilé devait sembler beaucoup plus proche, la rotation de notre Terre et le mouvement orbital autour du Soleil devaient être plus rapides. L'échelle de radiation de l'énergie modifiée a dû être déplacée bien au-dessus du rouge. En conséquence, les différences entre la charge et la décharge – entre le jour et la nuit – étaient également beaucoup plus grandes, la volonté mondiale rayonnée – l'énergie spatiale – a pu labourer les couches supérieures de la Terre, des montagnes et des vallées se sont formées, et les animaux de l'époque portaient une carapace blindée en raison des énormes différences de tension entre le jour et la nuit. Leurs yeux étaient "calibrés" pour des longueurs d'onde plus grandes que celles que nous sommes capables de percevoir aujourd'hui. La taille des animaux – dinosaures, etc. – correspondait également aux conditions d'un environnement cosmique qui semblait très proche.

De nos jours, nous constatons que le rayonnement ultraviolet augmente, que les nébuleuses spirales s'éloignent de nous à une vitesse mesurable et qu'un décalage vers le rouge peut être observé dans les lignes spectrales des galaxies. Ces processus, ainsi que la radioactivité de divers éléments, sont en fait des preuves de la diminution de l'intensité du rayonnement du noyau de notre Terre, des signes de la tendance à la baisse de l'évolution de l'étoile. Il s'ensuit que l'arc-en-ciel tel que nous le connaissons n'est pas éternel, que des couleurs telles que le violet et le bleu ont pu être absentes à l'apogée du développement de la matière et qu'à une époque ultérieure, c'est-à-dire au cours d'une évolution descendante, même la couleur rouge pourrait disparaître. – Si l'on considère que la couleur du sang humain est le rouge et que le rouge est également la couleur limite de notre arc-en-ciel, ces mots de l'Ancien Testament s'avèrent être très significatifs:

> "J'ai placé mon arc dans les nuages pour qu'il soit le signe de l'alliance entre moi et la Terre ... Et Dieu dit à Noé: 'Que ceci soit le signe de l'alliance entre moi et toute chair sur la terre ...'. " (Genèse 1, chapitre 9)

Le rouge est la couleur de la vie, et une augmentation des globules blancs – la leucémie – entraîne la mort. La couleur rouge est encore clairement visible dans l'arc-en-ciel, mais le décalage vers le rouge – ou l'apparente "fuite des nébuleuses spirales" – annonce la forte diminution de notre rayonnement central et indique une fin lointaine. *L'arc-en-ciel est donc une mesure cosmique divine du temps pour les humains.* Nos yeux sont pour ainsi dire "calibrés" sur cette mesure, car l'échelle de rayonnement énergétique du changement d'état de notre champ est en réalité beaucoup plus large et comprend à la fois le rayonnement ultraviolet et le rayonnement ultra-rouge. La lumière n'est pas composée des couleurs de l'arc-en-ciel, mais nos yeux ne perçoivent que cette partie.

Le cosmos est comme un miroir

Notre monde de perception sensorielle révèle des effets, mais les causes au sens le plus profond échappent à la fois aux organes sensoriels et à l'esprit, qui ne fait qu'ordonner les impressions sensorielles.

Lorsque le physicien Boltzmann déclare que la question de la cause fondamentale n'appartient pas au domaine de compétence du physicien, mais que lui seul doit s'efforcer de trouver la classification la plus simple de tous les phénomènes d'apparence, cette déclaration correspond à l'opinion de Comte: "La cause première et la finalité ultime échappent à la connaissance scientifique!"

Nos explications ont montré que la catégorisation la plus simple de tous les phénomènes du monde des apparences n'est possible qu'une fois les vraies causes sont connues, et nous nous sommes limités à "ce qui tient le monde en son cœur".

Les forces formatrices de la création n'ont pas été évoquées. Nous n'avons, en quelque sorte, fait que retracer la scène mondiale dans son mécanisme céleste de réalité vivante, nous avons associé la cause réelle à un certain nombre de phénomènes. La sélection a résulté de notre limitation, que nous avons désignée par le mot "volonté mondiale". Nous avons laissé de côté "l'âme mondiale", la sphère qui englobe toutes les forces formatrices. Ce n'est qu'après l'introduction de l'âme mondiale que notre "scène mondiale" serait peuplée de tous les phénomènes vivants qui donnent à l'étoile sa signification la plus profonde; ce n'est qu'après cette introduction que notre "scène" se transformerait en un grand "théâtre mondial", comme l'a appelé Calderon.

Mais nous tiendrons à notre façon précédente de voir les choses, car elle peut encore nous apporter d'importantes connaissances. Nos organes sensoriels de perception sont, comme l'ont souligné Héraclite et Giordano Bruno, des organes très insuffisants. Cette insuffisance des organes sensoriels donne lieu à des tromperies de toutes sortes. – L'une des illusions les plus essentielles résulte des effets de la structure radiale de notre champ de désintégration du noyau. Nos organes sensoriels sont incapables d'enregistrer la rotation axiale du corps céleste et son mouvement orbital autour du Soleil. Le développement de la vision occidentale du monde nous apprend que les Occidentaux ont eu besoin de plusieurs siècles de développement intellectuel pour se libérer de la vision géocentrique d'Aristote et accepter la doctrine héliocentrique d'Aristarque de Samos, qui a été adoptée par Copernic.

Apparemment, notre Terre repose en toute sécurité et le Soleil et les autres corps célestes semblent tourner autour d'elle. Le dépassement de cette illusion a été une réussite intellectuelle, mais les conséquences correspondantes pour tous les phénomènes dans le monde de l'éternel n'ont pas été réalisées. – Les efforts de Giordano Bruno pour revitaliser les conceptions du monde n'ont été couronnés de succès qu'auprès d'un petit cercle de personnes, parmi lesquelles se distinguent Schelling, Goethe et Novalis. Notre grande synthèse était basée sur une intuition éclair, mais en aucun cas sur un travail basé sur la théorie des couleurs de Goethe.Néanmoins, à la lecture ultérieure de la théorie des couleurs l'effort de synthèse de Goethe a été reconnu lié par l'esprit, tandis que la "méthode analytique" des scientifiques de la nature a été rejetée comme ne convenant pas à des vastes complexes cognitifs vivants. – En outre, avant

même la découverte de la fission du noyau de l'élément ura-
nium par Otto Hahn, l'auteur avait adopté une attitude philosophique opposée de celle des chercheurs en sciences naturelles.

Après avoir classé les phénomènes de la lumière et de l'attraction dans un vaste complexe de vie, que nous avons appelé,
selon son origine, le champ de rayonnement, les déclarations de
Newton sur la gravitation, la lumière et les couleurs acquièrent
quelque chose de tout à fait révélateur.

En ce qui concerne l'attraction de la masse, Isaac Newton déclare fièrement qu'il doit refuser de donner une explication fictive à la propriété de la gravitation. Comme Ernst Mach – "Er-
kenntnis und Irrtum" ("Réalisation et erreur") – l'a remarqué à
juste titre, cette attitude est quelque peu inhabituelle chez un
homme qui, par ailleurs, se caractérisait par une abondance
d'hypothèses.

L'interprète philosophique de l'"explication mécanique du
monde" de Newton – Emmanuel Kant – explique:

"Tous ces corps célestes sont des masses rondes, pour autant
que nous le sachions, sans organisation et sans préparation
artificielle secrète; la force par laquelle ils sont attirés est, selon toute apparence, une force fondamentale inhérente à la
matière, et par conséquent ne doit pas et ne peut pas être expliquée." ("Théorie du ciel et des corps célestes")

Il est intéressant de voir comment Kant s'efforce de ne laisser
personne toucher le "point sensible" des matérialistes: "la force
par laquelle ils (les corps célestes) sont attirés, … ne doit donc
pas être expliquée!" Il ne faut pas oublier que derrière le phénomène de la gravité se trouve la solution de l'énigme: l'absolu à

l'état originel, le champ de rayonnement, la volonté rayonnante du monde. Newton, qui se caractérisait par une abondance d'hypothèses, élude le phénomène de la pesanteur – comme nous l'avons dit plus haut – et Kant tente même, de manière suggestive, de se jeter, pour ainsi dire, au-devant de toutes les explications possibles.

Visualisons encore une fois:

"Avec l'apparition de Socrate et de l'"esprit", le cosmos est mort. "(D. H. Lawrence, "Apocalypse")

C'est Socrate qui nous a transmis cette déclaration:

"La nature déraisonnable ne mérite pas d'être étudiée!

Socrate est considéré comme le fondateur de la pensée conceptuelle et scientifique. Emmanuel Kant dit:

"Tous ces corps célestes sont des masses rondes, pour autant que nous le sachions, sans organisation ni artifice secret... ".

Notre corps et tout ce qui nous entoure, minéraux, herbes et fleurs, arbres et animaux, de la plus petite à la plus grande créature, révèlent sans équivoque la plus merveilleuse des sagesses et la plus magnifique des organisations.

Le mot philosophe vient du grec Héraclite d'Éphèse et signifie "ami de la sagesse". Comme Héraclite professait le culte de la Déméter éleusinienne et était héritier de la dignité de grand prêtre de ce culte de la nature, nous pouvons supposer qu'il se considérait comme un ami de la sagesse divine, mais qu'il ressentait certainement l'obligation liée á ce titre de philosophe. Apparemment, Socrate a perdu plus que le cosmos.

En révélant la dépendance totale de nombreux phénomènes du monde phénoménal à l'égard du rayonnement central – l'Absolu invisible – nous avons apporté la preuve que la métaphysique peut prétendre à la forme la plus élevée de la réalité. Notre Terre – notre "scène mondiale" – tourne autour du Soleil par la volonté du Créateur du monde, tourbillonnant sur son propre axe, baignée de lumière et de nuit. Si nous considérons les multiples transformations de la volonté du monde, la multitude de fonctions qui sont harmonieusement et presque ludiquement accomplies   par la volonté du Créateur du monde, nous accorderons probablement sans hésitaion le prédicat "divin" à la substance primordiale – l'énergie de l'espace. Il convient ici d'ajouter – ce qui va fondamentalement de soi – que notre monde de la plus haute réalité ne peut en aucun cas être comparé au monde dont Schopenhauer affirmait qu'il était le produit de la "volonté et de l'imagination". La "volonté" de Schopenhauer est, bien entendu, la volonté humaine. Notre volonté pour le monde est la volonté du Créateur du monde; et la connaissance est fondée sur une véritable "theoria" au sens du grec ancien, c'est-à-dire la "vision de Dieu".

Comme nos explications l'ont montré, la volonté du monde est de la plus haute réalité, en comparaison à laquelle tous les phénomènes du monde de la perception sensorielle sont insignificants. Nos explications ont élargi notre horizon, car nous ne pouvons plus nous demander si d'autres corps célestes sont également habités par des êtres ayant le même niveau de conscience que les êtres humains, mais nous pouvons seulement dire que chaque corps céleste présente un arc-en-ciel différent pour les habitants concernés. Cette différence résulte, entre autres, de la taille différente des étoiles et de l'intensité différente des champs de désintégration de leur noyau.

Ne soyons pas si mesquins lorsque nous rêvons du Créateur du monde, car notre amas d'étoiles (système de la Voie lactée) comprend d'innombrables étoiles, et l'univers est infini, tout comme le nombre d'amas d'étoiles. – La qualité de la volonté du monde dans son état originel correspond au divin et donc est infinie. Si nous regardons autour de nous sur Terre, nous nous rendons compte que la richesse des formes et des espèces est également presque infinie. Nous devons donc faire un petit effort si nous voulons penser en termes de Création; nous ne pouvons jamais dire: c'est impossible si cela dépasse nos capacités intellectuelles; nous ne pouvons pas dire: une vitesse supérieure à celle de la taille "X" est impossible, – mais nous devons approcher la Création dans une forme de spiritualité très spécifique. Ce n'est qu'alors qu'elle se révèle dans sa grandeur et sa pleine splendeur. Ceux qui pensent petit ne verront pas les choses différemment; ceux qui abordent la nature avec des idées statiques la verront comme morte et sans vie. "*Le cosmos est comme un miroir.* (Sagesse antique) Ce n'est qu'à partir de la vie spirituelle intérieure la plus élevée que la création se révèle dans sa signification.

La mesure du temps pour l'homme, l'arc-en-ciel, nous permet de constater qu'un certain temps est fixé pour le travail de l'homme sur chaque astre. Nous pouvons donc conclure *que de nombreux corps célestes visibles pour nous sont habités, tandis que d'autres ne le sont pas encore – ou plus – .*

Nous avons indiqué au début que deux courants fondamentalement différents peuvent être identifiés dans le développement spirituel de l'humanité. L'un s'efforce de retrouver ce qui a été perdu, c'est-à-dire de rétablir le lien avec la nature, avec la création, – tandis que l'autre courant est incontestablement hostile à la nature, même si les représentants de cette orientation sont difficiles à fixer á une telle attitude.

Les deux tendances intellectuelles ont leurs représentants dans des camps bien différents; et normalement, nous devrions chercher les adversaires de la nature parmi les rationalistes et les matérialistes – surtout parmi les scientifiques naturels, mais ceux qui tentent de redécouvrir le lien avec la nature, dans le camp des philosophes. (Bien entendu, seuls les philosophes au sens propre, c'est-à-dire au sens d'Héraclite, sont inclus ici.) Le fait que cette attitude normale, ou du moins un certain antagonisme, deviennent de plus en plus évidents , est caractérisé par le fait que les scientifiques de la nature aiment à se décrire comme des "aphilosophes", comme l'a fait par exemple le célèbre physicien Boltzmann à la fin du siècle dernier. Le physicien Pascual Jordan est encore plus explicite lorsqu'il affirme dans son livre "The Failed Revolt" (La révolte ratée)que le changement révolutionnaire de la physique moderne est une "révolution anti-philosophique", pour ainsi dire.

Corrigeons tout d'abord l'opinion de Heisenberg, spécialiste des sciences naturelles, sur Goethe. Goethe n'était nullement un "poète" dans son travail sur les couleurs, mais, comme le prouvent les citations, un philosophe! Le fait qu'il ait été un meilleur philosophe que la plupart des "philosophes académiques" qui se sont donné pour mission de préparer le terrain pour les scientifiques et d'orienter la philosophie vers les sphères de l'insignifiance au moyen de structures de phrases compliquées peut être considéré comme certain après notre catégorisation des phénomènes de l'apparence. En effet, il ne fait aucun doute que notre vision du monde – basée sur le phénomène de la "lumière" – est la solution à la tâche que Goethe a indiquée avec ses déclarations sur la valeur des phénomènes primordiaux. Après avoir classé les phénomènes, nous pouvons trancher la vieille querelle sur la question de savoir si c'est la façon de Goethe ou celle de Newton de voir les couleurs qui est correcte. – La manière de Goethe d'aller au fond des choses aboutit à l'affirmation que la lumière est un phénomène primordial résultant d'une contemplation la plus attentive et la plus pieuse.

Si nous considérons cela et la manière dont la lumière émerge de l'obscurité dans le champ de vision humain au cours d'un changement dans l'état du champ de rayonnement, il devient alors clair que la manière dont Goethe voyait les choses était tout à fait juste. Son point de départ est la lumière du jour qui nous entoure et qui, dans sa plénitude, n'offre aucune possibilité d'être perçue comme le voulait Newton dans ses étroites limites scientifiques. Ce n'est que dans la perspective de Goethe qu'il est possible de voir l'étoile dans une grande synthèse, en ce qu'elle est elle-même en tant que porteuse d'une vie multiple – alors un grand organisme vivant. Ce n'est que dans une telle synthèse, que Goethe considérait comme souhaitable, que le corps céleste peut être ramené à son origine divine; ce n'est qu'ici qu'il y a une garantie que l'abondance qui nous entoure ne sera pas soumise à des limitations nées d'une pensée intellectuelle médiocre.

Décrivons à nouveau, du point de vue d'un scientifique, les manières très différentes dont Newton et Goethe ont considéré la lumière et la couleur, maintenant que nous savons que la méthode analytique du scientifique est basée sur un objectif différent de celui des efforts du philosophe Goethe pour parvenir à une synthèse. –

Nous citons Heisenberg ("Wandlungen in den Grundlagen der Naturwissenschaft") ("Changements dans les fondements de la science naturelle"):

"L'aspect le plus simple de la théorie de Newton est le rayon de lumière monochromatique étroitement confiné, purifié par des dispositifs compliqués de la lumière d'autres couleurs et d'autres directions. Le concept le plus simple de la théorie de Goethe est la lumière brillante du jour qui nous entoure. Ce phénomène de base de la théorie de Newton, si éloigné de notre perception, ouvre désormais l'accès aux phénomènes optiques, à l'art de la mesure et aux mathématiques. La diffusion et la propagation de la lumière peuvent être déterminées par des mesures et définies sous forme mathématique, et la couleur peut également se voir attribuer un nombre – dans notre expression moderne, une longueur d'onde de la lumière. L'optique devient ainsi ce que l'on appelle communément une science exacte et se révèle comme telle en nous apprenant à construire les instruments optiques les plus précis qui révèlent des parties du monde qui ne sont pas directement accessibles aux sens. En revanche, on comprend que cette doctrine, qui permet une certaine maîtrise des phénomènes lumineux et les rend utiles à des fins pratiques, ne nous aide à aucun moment à mieux percevoir avec nos sens le monde coloré qui nous entoure. Cette comparaison permet de comprendre en quoi les deux doctrines, celle de Goethe et celle de Newton, devaient se critiquer l'une l'autre".

"Le point de départ de la théorie de Newton paraissait étrange et peu naturel à Goethe. La blancheur, c'est-à-dire la lumière dans sa forme la plus pure, doit être dévalorisée pour devenir un composé, et les physiciens considèrent comme phénomène de base une lumière qui a été pressée à travers des fentes, des lentilles et des prismes avec les dispositifs les plus compliqués. Nous pouvons comprendre que Goethe exprime sa déception par ces mots: "De la même manière, le physicien se rend maître des phénomènes, accumule les expériences, construit et visse des expériences artificielles ... nous répondons à l'affirmation audacieuse qu'il s'agisse maintenant aussi de la nature que par un sourire tranquille, un hochement de tête silencieux. Il ne vient pas à l'esprit de l'architecte de faire passer ses palais pour des camps de montagne et des forêts ...". En général, il désapprouve le désir des physiciens de pénétrer derrière le monde des phénomènes jusqu'à leurs causes ...". –

Si Goethe exprime son malaise face aux efforts des scientifiques pour découvrir la cause "avec des leviers et des vis", nous savons aujourd'hui – après le travail très révélateur des "boutefeux" – que le sentiment de Goethe pour la nature démoniaque de ces efforts a toujours été éveillé. N'oublions pas que la remarque dans Faust:

"Il est également remarquable d'observer,
  de voir comment les diables considèrent la nature ."

100

provient, comme l'ensemble de Faust, de la sphère de vie et d'expérience de Goethe, celle d'un spiritualiste amoureux de la nature, très différente de celle d'un rationaliste.

Dans les aphorismes de Goethe sur la théorie des couleurs, nous trouvons l'affirmation suivante:

> "La lumière et l'esprit, la première prévalant dans le physique, le second dans le moral, sont les énergies indivisibles les plus élevées que l'on puisse concevoir.

Il faut souligner toujour encore que Goethe était un philosophe, un philosophe de la nature au sens de Schelling, Giordano Bruno et Héraclite.

Il souligne lui-même qu'il était conscient des dangers du travail avec les couleurs, et on peut supposer qu'il connaissait bien ses adversaires.

> "Car il y a toujours eu quelque chose de dangereux dans le traitement de la couleur, à tel point qu'un de nos prédécesseurs a même osé dire à l'occasion: "Si vous tenez un tissu rouge devant un taureau, il se met en colère, mais le philosophe, si vous parlez seulement de couleur, devient furieux." (Farbenlehre) (théorie des couleurs)

Il a déjà été mentionné que le "philosophe académique" est devenu un précurseur des scientifiques (surtout I. Kant). Il y avait des raisons profondes à la constatation de Goethe que les opinions divergeaient sur la "lumière", qu'il fallait "montrer ses couleurs" lorsqu'il s'agissait de ce phénomène de la création.

Aujourd'hui, nous disposons d'une meilleure vue d'ensemble que celle que Goethe a pu avoir à une époque qui n'était pas encore assez claire. Dans l'introduction à la Théorie des couleurs, Goethe écrit:

> "Mais si nous regardons plus loin, nous sommes envahis par une crainte, celle de ne pas aimer les mathématiciens. Par un étrange concours de circonstances, la théorie des couleurs a été entraînée dans le royaume de la cour des mathématiciens, où elle n'a pas sa place".

La théorie des couleurs n'appartient certainement pas au cercle des mathématiciens, mais à celui de la philosophie naturaliste, bien qu'il faille noter ici que le nombre sept des couleurs de l'arc-en-ciel est la clé d'un tout autre type de calcul que les mathématiques occidentales.

La constatation de Novalis dans ses Fragments:

> "Les vraies mathématiques sont chez elles en Orient. En Europe, elles ont dégénéré en simple technique"

a donc une importance similaire à la constatation de Goethe concernant les phénomènes primordiaux dans la théorie des couleurs.

L'intervention des analystes dans la matière, la conception de l'univers des mathématiciens est anarchique. Goethe ne pouvait certainement pas ignorer ces conséquences des "mathématiques dégénérées", pas plus que Novalis, et la constatation de Goethe sur l'intellect est tout à fait claire (Sur l'histoire de la théorie des couleurs):

"D'autre part, on ne peut attribuer aucune autorité à l'intellect; il ne produit toujours que son propre genre; de même qu'il est évident que toute instruction de l'intellect conduit à l'anarchie".

Loin de nous l'idée de vouloir donner l'impression, par ces remarques, qu'il s'agit de réfuter les savants naturalistes avec leurs conceptions particulières du monde. Il a été exprimé assez clairement que les deux attitudes d'esprit très différentes, en leurs visions du monde correspondantes, sont l'expression d'un objectif plus important encore pour les différentes personnes, en ce que le cosmos et le chaos sont des oppositions qui ne peuvent jamais être éliminées du monde et qui sont confrontées par des déclarations correspondantes entre les hommes.

De ce point de vue, Goethe a exprimé ce qui était possible pour lui à son époque. Son engagement en faveur de la création, du cosmos et de ses lois ne se manifeste pas seulement dans sa remarque à Zelter:

"Plus je vieillis, plus j'ai confiance en la loi selon laquelle la rose et le lys fleurissent",

mais aussi dans sa théorie des couleurs et ses commentaires hautement philosophiques sur la nature des phénomènes primordiaux.

Nous pouvons opposer les déclarations de Goethe sur les phénomènes primordiaux à celles de Kant, l'interprète de la théorie de Newton:

" ... cela peut paraître étrange à première vue, mais c'est pourtant certain: la raison ne tire pas ses lois de la nature, mais les lui prescrit. La loi suprême de la nature se trouve en nous-mêmes, c'est-à-dire dans notre intellect".

Ces phrases sont très révélatrices du rationaliste Kant, qui est ici confronté de manière antipodique au spiritualiste Goethe. –

Dans nos recherches métaphysiques, notre travail sur l'arc-en-ciel a révélé des liens avec la théorie des couleurs de Goethe, notre travail sur le calcul de la création a révélé des liens avec Novalis, et en ce qui concerne le domaine le plus complet – la philosophie – les meilleurs liens ont été établis avec Giordano Bruno. Comme nous l'avons montré, la force d'attraction en tant qu'effet du champ de rayonnement était de la plus haute importance. Le champ offrait ainsi la possibilité de classer de la manière la plus simple tous les phénomènes d'apparence. Le champ d'énergie spatial est cependant identique à l'"éther", avec lequel les physiciens ont travaillé dans leurs pensées jusqu'à Einstein, et sans lequel Faraday et Maxwell n'auraient pas pu expliquer leurs observations électriques et magnétiques.[11]

C'est au Nolan Giordano Bruno (né en 1548 selon le calendrier chrétien à Nola près de Naples) que l'on doit la revitalisation du terme "éther". Dans son ouvrage "De l'infini, de l'univers et des mondes", il écrit:

" ... Preuve que le mouvement des mondes innombrables ne procède pas d'un moteur extérieur, mais de leurs âmes intérieures, et comment il faut supposer en tout cela un moteur infini."

Cette affirmation ne devient tout à fait compréhensible que si nous pensons à notre champ de rayonnement et comme il s'agit d'une chose invisible qui n'entre dans notre champ de vision que lors de certains changements d'état, nous ne pouvons qu'adopter la forme d'expression choisie par Giordano Bruno: "l'âme intérieure" du corps céleste. La référence au "moteur infini", qui coïncide avec l'expression "volonté du monde", prouve également que notre intuition est basée sur une intuition très similaire chez Giordano Bruno.

Ailleurs dans l'ouvrage susmentionné, il est dit:

"Les stoïciens font également la distinction entre le monde et l'univers. Pour eux, le monde est tout ce qui est rempli et constitué de matière solide. L'univers, en revanche, est pour eux constitué non seulement du monde, mais aussi du vide, du vide de contenu et de l'espace extérieur au monde, et c'est pourquoi ils disent que le monde est fini, et l'univers infini ... Cependant, nous ne supposons pas que quelque chose soit vide dans le sens où il n'y a rien, mais seulement dans le sens où tout ce qui n'est pas un corps, qui offre une résistance sensible, mais qui a encore une extension, peut être appelé vide; car la corporéité est généralement comprise comme signifiant seulement la propriété de résistance (impénétrabilité), c'est pourquoi on dit aussi que tout comme ce qui n'est pas vulnérable n'est pas de la chair, de même ce qui n'offre pas de résistance n'est pas de la matière. En ce sens, nous disons qu'il existe un infini, c'est-à-dire une région éthérique infinie, dans laquelle se trouvent d'innombrables corps tels que la Terre, la Lune et le Soleil, que nous appelons mondes, eux-mêmes composés de plein et de vide; car cet esprit, cet

105

aérien, cet éther n'est pas seulement autour de ces corps, mais il les imprègne tous et se trouve à l'intérieur de chaque chose".

Cela prouve que l'éther hypothétique utilisé par les scientifiques jusqu'à la fin du siècle dernier remonte au philosophe Giordano Bruno. Lorsque nous énonçons la citation suivante des fragments de Novalis, nous pensons à nos remarques sur l'arc-en-ciel comme "signe et mémorial du temps cosmique", mais pensons aussi au nombre des sept couleurs de l'arc-en-ciel comme à une clé, que nous pouvons relier à un mode de calcul de la création, du cosmos – par opposition au mode de calcul du chaos, des mathématiques occidentales .

"La lumière serait elle que le signe d'une nouvelle alliance, le génie visible de cette alliance?"

Ce qui remplit de respect et d'admiration les âmes ouvertes à la nature, devient un supplice pour les esprits hostiles à la nature!
A l'occasion d'une cérémonie à la mémoire d'Albert Einstein, le lauréat du prix Nobel, Max von Laue, a fait l'éloge de la théorie de la relativité d'Einstein, notamment parce qu'elle "nous a libérés de la théorie tourmentée de l'éther"!

L'expérience Michelson-Morley et l'erreur d'Einstein

Notre conception du monde, comparée à celle du théoricien de la relativité Albert Einstein, révèle toute la contrariété des esprits. Nous avons précisé que l'apparente "fuite des nébuleuses spirales" – ou le décalage vers le rouge – et la radioactivité de divers éléments sont des preuves du vieillissement de notre corps céleste, de la diminution de l'intensité du rayonnement nucléaire, des preuves du devenir et du trépas que l'on peut observer partout dans la nature. Selon la théorie de la relativité, Einstein est d'avis que "l´évasion des nébuleuses spirales" peut être considéré comme une preuve de l'expansion de l'univers. Selon ses calculs, l'univers doublerait de taille tous les 1300 millions d'années.

La théorie de la relativité d'Einstein occupe une place particulière dans la physique moderne. Nous allons alors examiner de plus près la célèbre expérience du physicien Michelson, car cette expérience a été le point de départ des hypothèses contenues dans la théorie de la relativité. L'hypothèse initiale de "l'éther au repos", sur laquelle l'expérience était basée, stipulait que la Terre et tous les autres corps célestes passaient à travers lui, de la même manière qu'un véhicule doit passer à travers l'air ou l'eau à la surface de la Terre.

Sur la base de cette idée, on peut conclure par expérience qu'une pierre lancée – par exemple sur un wagon en mouvement – développe une vitesse de projection dans le sens de la marche qui se compose de deux éléments. La vitesse du chariot lui-même et la vitesse de projection de la pierre. Si la pierre est lancée dans la direction opposée au sens de la marche, la vitesse de la pierre peut être déterminée par soustraction. – Si la vitesse du véhicule est V et celle de l'objet lancé C, le résultat pour la pierre lancée dans le sens de la marche sera V + C, mais V – C pour une pierre lancée dans le sens inverse de la marche.

Le but de l'expérience de Michelson (première expérience à l'observatoire de Potsdam-Babelsberg en 1881 – deuxième expérience à plus grande échelle à Chicago en 1887) était de déterminer la vitesse du mouvement de la Terre en observant un faisceau de lumière tombant dans la direction du mouvement de la Terre et un faisceau voyageant perpendiculairement à celui-ci.

Un faisceau de lumière émanant de la direction du mouvement de la Terre a été envoyé sur une plaque de verre plan parallèle, inclinée à 45 degrés par rapport à celui-ci, et a été divisé en un faisceau de lumière parallèle au mouvement de la Terre et un autre perpendiculaire à celui-ci. Les deux faisceaux lumineux ont été renvoyés sur la plaque de verre par réflexion sur des miroirs situés à la même distance du point de séparation sur la plaque de verre, puis envoyés ensemble dans un télescope d'observation.

Selon la "théorie de l'ondulation élastique", la lumière se propage à travers les oscillations de l'éther hypothétique. Les particules d'éther oscillent d'avant en arrière perpendiculairement à la direction du rayonnement, ce qui crée un mouvement ondulatoire de l'éther. La position des particules d'éther par rapport à la position de repos est une expression de la phase d'oscillation, et la distance entre deux particules d'éther qui passent directement par la position normale est la moitié de la longueur d'onde et dépend du type de lumière. Plusieurs trains d'ondes provenant de la même source lumineuse se combinent, c'est-à-dire qu'ils interfèrent. –

Dans ce dispositif expérimental, on s'attendait à ce que les deux faisceaux lumineux arrivent au télescope avec une petite différence de phase entre leurs oscillations identiques à l'origine, car le temps nécessaire pour parcourir les deux trajets perpendiculaires n'est pas le même. – Ceci résulte des considérations suivantes:

La Terre est supposée se déplacer pendant l'expérience à une vitesse constante V dans la direction de l'extension en ligne droite du faisceau lumineux passant de la source lumineuse à travers la plaque de verre. – L'hypothétique éther lumineux, quant à lui, est supposé être au repos et la vitesse de la lumière dans le "vide" – par rapport à un point au repos – est C .

Le rayon lumineux émanant du point se déplaçant à la vitesse de la Terre a la vitesse C – V sur le trajet vers le miroir, situé dans la direction du mouvement, par rapport au point de passage de la plaque de verre; sur le trajet de retour, en revanche, il a la vitesse C + V, de sorte que la durée du voyage aller et retour du rayon lumineux est dans la direction du mouvement de la Terre (où R est la distance entre le point de passage du rayon lumineux à travers la plaque de verre et le miroir):

$$T = \frac{R}{C-V} + \frac{R}{C+V} = \frac{2RC}{C^2 - V^2} = \frac{2R}{C\left(1 - \dfrac{V^2}{C^2}\right)}$$

Pour le faisceau lumineux dévié perpendiculairement à ce faisceau, les vitesses C + V sont composées selon le parallélogramme des vitesses où, dans l'équation, A est le trajet de la plaque de verre au réflecteur influencé par la vitesse de la Terre et B est la distance parcourue dans ce temps à la suite du mouvement de la Terre du point de passage de la plaque de verre.

Il s'ensuit que $\dfrac{B}{A} = \dfrac{V}{C}$ et $A^2 = R^2 + B^2 = R^2 + \dfrac{V^2 \cdot A^2}{C^2}$

Par conséquent,
$$A = \frac{R}{\sqrt{1 - \dfrac{V^2}{C^2}}}$$

$$T_2 = \frac{2A}{C} = \frac{2R}{C\sqrt{1 - \dfrac{V^2}{C^2}}}$$

T1 = durée du faisceau lumineux réfléchi dans la direction du mouvement de la Terre, est supérieure à T2, puisque V divisé par C (c'est-à-dire la vitesse orbitale de la Terre – 30 km/s. – par la vitesse de la lumière – 300 000 km/s) est une petite fraction réelle.

Même si la différence de longueur des trajets est très faible en raison de la vitesse élevée de la lumière, la faible différence de phase des oscillations des deux faisceaux lumineux aurait dû être perceptible dans une image d'interférence composée de bandes claires et sombres. L'interféromètre de Michelson a été conçu de manière à ce que l'ensemble de l'appareil puisse tourner autour de son axe vertical. Cela signifie que les franges dans le champ de vision du télescope d'observation devaient naturellement se déplacer. Si l'appareil et ses réflecteurs étaient tournés jusqu'à 45 degrés dans le sens inverse du mouvement de la Terre, les deux trajets parcourus par la lumière devaient être égaux; si l'appareil était tourné jusqu'à 90 degrés, le premier trajet était plus court que le second d'une longueur égale à celle qu'il avait auparavant. – Avec ce dispositif expérimental, il aurait dû être possible de déterminer le rapport entre V et C ou – si la vitesse de la lumière était connue – la quantité V (vitesse de la Terre) aurait dû être déterminée, car les bandes d'interférence se déplacent de deux fois la différence lorsque l'appareil est tourné de 90 degrés.

Cependant, ni cette expérience ni celle réalisée en 1881 à l'observatoire astrophysique de Potsdam par Michelson ont montré un déplacement des bandes. En conséquence, il fut considéré comme certain que le mouvement de la Terre ne pouvait pas être détecté optiquement. –

Il s'agit d'une contradiction remarquable entre la théorie et l'expérience. Les physiciens Fitzgerald et Lorentz ont donné l'explication suivante: Ils ont affirmé que la partie de l'appareil qui est parallèle au mouvement de la Terre est toujours raccourcie dans la direction du mouvement de la Terre. – La raison invoquée est que les forces moléculaires du corps, influencées par le mouvement, se contractent d'une quantité correspondant au raccourcissement. Pour expliquer pleinement les phénomènes optiques dans les milieux en mouvement, le physicien Lorentz a émis l'hypothèse supplémentaire que le calcul du temps changeait d'un endroit à l'autre. – Dans la foulée, Albert Einstein explique en 1905 qu'il ne s'agit pas d'un raccourcissement réel des longueurs des corps dans la direction du mouvement, mais que la mesure de la longueur dans un système en mouvement doit être fondamentalement différente de celle d'un système immobile. – Ainsi, une distance en mouvement semble plus courte d'un point de vue stationnaire que d'un point de vue en mouvement. En outre, Einstein a expliqué que l'unité de temps dépend également du système dans lequel la mesure est effectuée.

L'expérience de Michelson n'ayant pas permis de déterminer la vitesse de la Terre, on peut en conclure que le point de vue dit stationnaire n'a pas de préférence par rapport au point de vue

111

en mouvement, que les deux ont la même valeur et que, par conséquent, la vitesse de la lumière peut être déterminée, mais jamais la quantité C + V ou C − V. Einstein en déduit la version la plus générale de son principe de relativité: "Toute loi générale de la nature est toujours la même, que l'on utilise pour sa description mathématique un état stationnaire ou un état en mouvement". Pour les lois de la mécanique, on a longtemps utilisé le principe de relativité sous la forme de la loi d'inertie de Galilée, selon laquelle un corps suffisamment éloigné d'autres corps reste en état de repos ou en mouvement linéaire, à moins qu'il ne soit contraint de changer d'état par des causes extérieures. − Selon Einstein, cette loi peut maintenant être exprimée sous la forme que les lois de la mécanique sont les mêmes pour tout point de vue en mouvement uniforme, c'est -á -dire pour tout système de coordonnées (système de référence) en mouvement uniforme et libre de rotation. Jusqu'alors, on pensait qu'un tel principe général de relativité n'existait pas pour les lois de l'optique. − Selon la théorie de la relativité, la lumière devait se propager sphériquement dans toutes les directions à partir de n'importe quel point de vue, conformément à l'expérience de Michelson. Toutefois, un raccourcissement, à savoir la "contraction de Lorentz", serait perceptible pour un système de référence au repos par rapport au soleil. Après ces considérations, Einstein est arrivé à la conclusion que la vitesse de la lumière est une constante absolue. (La description de l'expérience de Michelson est basée sur les informations fournies par le professeur A. Schwassmann dans la publication "Théorie de la relativité et astronomie" − Hambourg 1921).

"Justification de l'élimination de la "théorie tortueuse de l'éther":

"C était en fait la constante fondamentale du champ électromagnétique, à savoir la vitesse de propagation de toutes les variations du champ électromagnétique dans ce que l'on appelle l'espace vide. Ce dernier est certes complètement vide dans l'optique habituelle, c'est-à-dire également complètement dépourvu de qualité, mais il possédait déjà cette propriété caractéristique C en électrodynamique (bien avant la théorie de la relativité de Maxwell). C'est précisément la raison pour laquelle les anciens auteurs ont cru qu'il devait être rempli par la "substance", l'"éther", parce qu'ils pensaient pouvoir lui attribuer une telle constante caractéristique, alors qu'ils s'opposaient intérieurement à la reconnaître dans l'espace vide en tant que tel. Dès que l'on s'en rend compte, on constate que la théorie de la relativité revient à déclarer superflu ce *dualisme* entre "espace vide" et "éther": pourquoi – demande-t-on – si les perturbations électromagnétiques se propagent déjà à cette vitesse C dans l'"espace vide", cette propriété devrait-elle être attribuée à une substance appelée "éther" qui remplit l'espace, mais qui échappe encore obstinément à toute détection par la physique? Ne suffit-il pas de la reconnaître dans le schéma de l'espace-temps lui-même? En d'autres termes, la théorie de la relativité fait de C non plus une constante physique mais une constante cinématique de base (espace-temps), puisqu'il s'agissait déjà d'une constante cinématique pour l'espace vide en tant que milieu de champ électromagnétique". (B. Bavink: "Ergebnisse und Probleme der Naturwissenschaften") ("Résultats et problèmes des sciences naturelles")

Nos explications ont montré que l'expérience de Michelson était basée sur une fausse prémisse – une hypothèse erronée – à savoir l'hypothèse de "l'éther au repos", à travers lequel notre Terre et tous les corps célestes devraient se déplacer. La vérité est que la Terre, à partir de la désintégration de son noyau, forme et transporte avec elle cet absolu dans lequel se déroulent aujourd'hui tous les processus de la lumière et de l'électromagnétisme. De même que c'est grâce à ce rayonnement de désintégration du noyau que nous avons nous-mêmes une sensation de calme et de stabilité, de même toute disposition expérimentale du type mentionné ci-dessus est superflue et ne pourra jamais produire un résultat différent.[12]

Dans ce cas, nous pouvons clairement étudier le mode de pensée spéculatif des Occidentaux. Les hypothèses des savants comme les concepts des sophistes sont très éloignés de la réalité, et l'Occidental s'est donc créé une vision abstraite et spéculative du monde qui, dans sa nature inanimée, ne fait pas de place aux phénomènes spirituels.

La violence de ce processus de spéculation est révélée dans les idées hypothétiques de tous les physiciens, mais surtout des physiciens Lorentz et Einstein. – L'un est prêt à déformer mentalement notre Terre et tous les corps du monde pour en faire des savons de bain, l'autre physicien de la fausse relativité prétend hardiment que la lumière est l'absolu. Pour un homme qui met l'accent sur le "relatif" partout, ce processus semble particulièrement étrange, d'autant plus qu'il y a eu plusieurs mesures de la lumière et qu'aucune de ces mesures ne concordait avec les autres.

Selon nos explications, ces différences dans les mesures de lumière résultent d'états différents du champ d'énergie, car les mesures ont été prises à des moments différents, c'est-à-dire à des positions différentes du Soleil, ainsi qu'à des latitudes différentes. –

Nous devons souligner autre chose dans le contexte d'une démarcation, qui vise à remettre les scientifiques naturels à leur place. Les matérialistes et les rationalistes disent qu'il n'y a pas d'au-delà. Bien que nous devions nous éloigner de toute idée mystico-spéculative de l'au-delà qui prolifère dans les théologies, nous pouvons néanmoins conclure, sur la base des explications précédentes, qu'il y a un "au-delà"; car le champ invisible est incontestablement – comme l'a dit Giordano Bruno – l'âme du corps céleste.

À l'instar de cette âme, le corps humain, le corps animal et végétal, et même le corps minéral, sont caractérisés par des forces de formation spirituelles qui – à l'instar du champ de rayonnement de la Terre et des étoiles – sont également d'une substance plus fondamentale et plus durable que le physique, qui se projette dans le monde des phénomènes. Le physique est – comparé au spirituel – de l'écume! –

Nous reprenons les remarques suivantes de la partie polémique de la Théorie des couleurs de Goethe, car elles nous semblent également s'appliquer à notre époque:

"Contre la papauté des doctrines unilatérales de la nature, qui s'arroge, par des signes et des chiffres, de transformer l'erreur en vérité , j'ai déjà affiché mes thèses il y a de nombreuses années. Mais l'agilité rusée de ce clergé a empêché que mon entreprise ait un effet général.

... Nous voyons ainsi les naturalistes, dans certains domaines, chérir et cultiver d'étranges erreurs périmées; nous remarquons, sans grande perspicacité, qu'ils prennent avec joie des grillons nouvellement formés, en les traduisant, en les extrayant, en les claironnant et en les répandant partout pour attirer l'attention et remplir de fantômes les espaces intellectuels ..."

Annexe

"Nous n'avons pas d'ange pour nous dire la vérité à l'oreille ... "

Conversation avec Werner Heisenberg
sur les questions de connaissance en physique
théorique, la controverse Goethe-Newton et la
théorie des champs de Helmut Friedrich Krause
(le 31 juillet 1974)

enregistrée par Jochen Kirchhoff

Le livre de Werner Heisenberg "La partie et le tout" a été publié en 1969; comme le suggère le sous-titre, il s'agit de "Conversations dans le domaine de la physique atomique". Le "Dialogo" et les "Discorsi" de Galilée ont peut-être influencé le caractère de ce livre de dialogue. Weizsäcker évoque des liens avec les dialogues platoniciens. Le "Dialogo" de Galilée de 1632 est indubitablement influencé par le "Souper du mercredi des cendres" de Bruno de 1584; cela vaut non seulement pour le débat philosophique naturel sur le mouvement de la Terre, mais aussi pour la forme littéraire. Il suffit de rappeler ici la figure de l'aristotélicien Simplicius, qui semble avoir été modelée sur les figures de dialogue de Bruno.

Je me permets de présenter la reproduction suivante d'une conversation avec Werner Heisenberg le 31.7.1974 (à Oberbozen, Tyrol du Sud) comme complément au livre de dialogues de Heisenberg.

Si, d'après les remarques ci-dessus, les "Conversations dans le domaine de la physique atomique", par l'intermédiaire de Galilée, ont un certain rapport avec les dialogues de Bruno (même si ce rapport est difficile à saisir et à vérifier), la tentation de styliser la reproduction de ma conversation avec Heisenberg dans le sens d'un dialogue de Bruno s'est imposée d'elle-même. Je voudrais cependant me limiter à quelques aspects centraux du débat philosophique naturel et (contrairement à la procédure utilisée par Heisenberg) ne présenter des affirmations sous forme de discours direct que si je suis en mesure de reproduire la formulation précise de l'affirmation en question. Dans le cas contraire, la forme indirecte sera utilisée.

Je suis arrivé à Oberbozen le 29 juillet 1974, j'ai pris mes quartiers au Parkhotel Holzner et j'ai rencontré Werner Heisenberg dans la soirée. Le contact avec Heisenberg n'était pas du tout prévu et, au cours des années précédentes, je n'avais jamais eu l'idée d'approcher le fondateur de la mécanique quantique, par exemple par le biais d'une lettre. La rencontre peut donc être considérée – superficiellement – comme une coïncidence.

Le lendemain, j'ai remis une lettre à Heisenberg par l'intermédiaire de la réception de l'hôtel pour lui demander un rendez-vous. Je me suis présenté comme un philosophe qui travaillait sur un article concernant la relation entre les sciences naturelles et la philosophie naturelle. Ma lettre se poursuivait ainsi "Comme je dois repartir le 2 août, je serais heureux de pouvoir m'entretenir brièvement avec vous, soit ce soir, soit demain. J'aimerais aborder les sujets suivants:

1 . La théorie générale des champs (y compris la théorie de la gravitation), c'est-à-dire le problème de l'unité des forces fondamentales de la nature.
2. L'expérience Michelson-Morley et ses interprétations possibles
3. Goethe en tant que philosophe naturel dans son opposition à Newton (théorie des couleurs)
4. Les approches philosophiques naturelles modernes visant à retrouver une orientation au sein de la pensée scientifique, dont la perte a été déplorée par Weizsäcker ("Zum Weltbild der Physik") (Sur la vision du monde de la physique) il y a environ 30 ans ...

Heisenberg m'envoie alors une courte lettre par l'intermédiaire de la réception; il propose une conversation le soir du 31 juillet dans le hall de l'hôtel, mais me demande de comprendre que la conversation ne pourra être que brève, car il veut se tenir à l'écart de la science pendant ses vacances. L'un des fils de Heisenberg (le physicien Jochen Heisenberg, né en 1939) était présent, mais n'a pas pris part à la conversation.

La conversation s'est ouverte sur la question de Heisenberg: "Venez-vous de la physique ou de la philosophie?" J'ai répondu: "Je suis philosophe, mais j'ai étudié les sciences naturelles en profondeur. On ne peut pas faire de la philosophie aujourd'hui sans inclure les sciences naturelles.

Le "jeu" au sens propre du terme a commencé par ma référence à la perte d'unité dans la science moderne: "Ce qui me fascine, c'est l'idée de l'unité. Je me suis référé à une déclaration de Weizsäcker dans son livre "Zum Weltbild der Physik" (Sur la Vision du Monde de la Physique), que j'ai citée par analogie. Weizsäcker écrit ici "Mais notre esprit recherche l'unité. La science ne peut pas remplir sa tâche par rapport à la vie si elle perd son orientation dans son propre domaine.

Heisenberg commence par souligner que Weizsäcker a travaillé sur l'article cité pendant leur internement commun à Farmhall (Angleterre). Il faut noter ici entre parenthèses que la première édition du livre a été publiée en 1943; peut-être la remarque de Heisenberg fait-elle référence à une révision ou à une extension. Il se réfère ensuite aux découvertes de la chimie moderne, qui prouvent que la science naturelle n'a pas perdu son unité. Il peut sembler étrange que Heisenberg ait mis l'accent sur la chimie en particulier, mais c'est compréhensible si l'on considère le rôle immense de la physique atomique et en particulier du concept quantique dans la théorie des éléments.

Je l'ai contesté: Ni la physique ni la chimie n'auraient réalisé l'unité. Pour élargir un peu plus le champ du problème de la philosophie de la nature, je suis d'abord revenu à la physique classique. J'ai souligné l'incapacité de la mécanique newtonienne à représenter exactement les mouvements des astres; la rotation du périhélie de la planète Mercure, par exemple, a montré que la mécanique classique devait être révisée. Dans ce contexte, Einstein a parlé de "l'effondrement de la mécanique classique".

Heisenberg: "Einstein avait un penchant pour les formulations dramatiques". La justesse de la physique moderne depuis Kepler a été prouvée "des milliers de fois". Heisenberg a explicitement mis l'accent sur la loi de la gravitation de Newton et son large éventail d'applications. Les remarques de Heisenberg visaient clairement à souligner la "prétention à l'absoluité" de la physique newtonienne (au sens de "théories fermées"). Il nie que la théorie générale de la relativité ait révisé cette prétention à l'absolu. Heisenberg a également souligné qu'il argumentait délibérément de manière positiviste à mon égard, alors qu'il était en réalité contre le positivisme.

J'ai repris la formulation "dramatique" d'Einstein et lui ai donné une impulsion plus forte. J'ai nié la validité cosmique de la mécanique classique en général, rejeté la loi de la gravitation comme une fiction et formulé des doutes sur la validité cosmique du concept de masse de Newton.

À l'époque, je n'étais pas encore pleinement conscient de la circularité du concept de masse de Newton, de sorte que mon argumentation comportait des lacunes et des inexactitudes. Celles-ci ont été critiquées par Heisenberg, qui m'a reproché de compliquer la discussion en utilisant un sens complètement différent du mot "masse". Afin de ne pas rester purement conceptuel, ce que Heisenberg trouvait également infructueux, j'ai décrit brièvement comment, selon moi, le mécanisme du système solaire est expliqué dans la mécanique céleste newtonienne. D'une part, je voulais montrer que je comprenais parfaitement ce dont je doute et ce que je rejette, et d'autre part, je voulais m'en servir comme point de départ pour la présentation de la cosmologie de Krause. Heisenberg était d'accord avec ma présentation de la mécanique céleste newtonienne. J'en suis ensuite venu au "Der Baustoff der Welt" (Matériau de construcion du monde) de Krause, sous le pseudonyme de Simon Kraus, que Krause a utilisé lors de la première publication en 1970. J'ai expliqué le concept philosophique naturaliste fondé sur la base du rayonnement de l'énergie spatiale des corps célestes à partir de la désintégration de la matière et ses conséquences physiques les plus importantes: l'inapplicabilité du concept de masse et d'inertie au corps céleste, le caractère non concluant de l'expérience Michelson-Morley, l'origine de la lumière cosmique, etc.

Werner Heisenberg semblait écouter attentivement. Il ne m'a pas interrompu et n'a pas soulevé d'objections ou de contre-arguments. Après avoir terminé mon exposé, il m'a demandé d'expliquer plus en détail les propriétés du champ d'énergie de l'espace.

Je n'ai souligné que quelques points, tels que le caractère du champ comme champ de guidage, comme le montre la déviation de la lumière dans le champ gravitationnel, la capacité de pénétration et le lien avec l'effet gravitationnel. J'ai dit, entre autres, ce qui suit "Les franges d'interférence de l'expérience Michelson-Morley n'ont pas pu être mises en évidence parce que le champ gravitationnel lui-même est en fin de compte identique à l'éther! "Heisenberg a qualifié ces formulations et d'autres comme "imprécises"; il a soutenu sans réserve la position de la théorie spéciale de la relativité d'Einstein, en soulignant le changement du concept d'espace et de temps qui avait eu lieu ici, ce qui était un "mérite" particulier d'Einstein. Au cours de la discussion, Heisenberg me demande de réexpliquer le concept de base de la théorie des champs de Krause. C'est ce que j'ai fait et, une fois de plus, Heisenberg a d'abord accepté mes remarques sans faire de commentaires. Ce n'est qu'une fois qu'il a dit que la façon dont la lumière cosmique est créée par l'interaction des champs d'énergie de l'espace était "poétique". Le jugement implicite est évident.

Il semble significatif que Heisenberg ait expressément refusé de commenter le "Matériau de construction du monde" en public (par exemple sous la forme d'un article de journal).

Deux déclarations de Heisenberg me semblent particulièrement intéressantes. En relation avec le problème de la déviation de la lumière dans le champ gravitationnel et en référence explicite à la théorie de la "courbure de l'espace" d'Einstein, il rejette les réflexions de Krause sur l'émergence de la lumière et la courbure des rayons dans le champ d'énergie: "Cela peut avoir une valeur explicative pour vous, mais pas pour moi. Et à un autre moment de la conversation, il dit: "Citez-moi une expérience dont le résultat peut être prédit plus précisément avec l'hypothèse de Krause qu'avec la physique conventionnelle!"

Il est évident qu'il n'était pas du tout facile de faire une déclaration satisfaisante de but en blanc. Il aurait été logique de soumettre d'abord la prémisse à un examen critique. Je ne l'ai pas fait; dans mon argumentation, je me suis plutôt efforcé de traiter les différents effets gravitationnels sur la surface de la Terre à différentes latitudes. Heisenberg a déclaré: "Cela est lié à des différences de masse dans le noyau de la Terre". Il a nié l'existence d'effets gravitationnels différents le jour et la nuit. Il n'avait pas connaissance d'une expérience qui l'aurait prouvé. J'ai cité l'expérience publiée par l'astronome et critique d'Einstein Wilhelm Walte en 1921, qui est basée sur une comparaison de "l'horloge lunaire de Jupiter" avec une horloge terrestre. Il s'agit de la période orbitale de la lune de Jupiter (42 heures et demie), qui a été découverte par Galilée. Selon Einstein, l'"horloge lunaire de Jupiter" doit être constamment lente par rapport à une horloge terrestre dont la révolution de l'aiguille est de 42 heures et demie. Walte: "En réalité, elle gagne parfois du temps, parfois en perd au cours d'une révolution, jusqu'à 15 secondes en augmentation et en diminution régulières. Par conséquent, la conclusion d'Einstein à partir de ses formules est en contradiction avec l'observation." (Extrait de l'article "Einstein, Michelson, Newton", Hambourg 1921, p. 14/15) J'ai indiqué à Heisenberg que les 15 secondes d'augmentation et de diminution régulières mentionnées par Walte étaient liées aux changements d'état du champ terrestre et donc aux différentes conditions de gravité entre le jour et la nuit. Heisenberg m'a répondu qu'il ne pouvait pas faire de commentaire à ce sujet, qu'il ne connaissait pas l'expérience.

Notre conversation s'est de plus en plus étendue à des questions épistémologiques fondamentales, également en rapport avec la controverse Goethe – Newton. Heisenberg a expressément refusé de s'engager sur un "ignorabimus" fondamental (nous ne saurons jamais) en ce qui concerne la "vérité". Il a considérablement relativisé les déclarations de Planck, d'Einstein et d'autres qui allaient dans ce sens et que j'avais citées. Même ma référence à sa propre relation d'indétermination n'a pas suffi à changer la donne. Heisenberg a souligné que, bien que la physique moderne ne possède pas "toute la vérité", elle est en principe capable de saisir une certaine couche de vérité et de s'approcher progressivement de la réalité objective. Puis il a ajouté: "Goethe non plus n'avait pas toute la vérité". D'ailleurs, Goethe voulait quelque chose de complètement différent de la physique, ce qui explique son opposition à Newton.

Comme pour justifier l'approche scientifique, Heisenberg a déclaré: "Nous n'avons pas d'ange pour nous dire la vérité à l'oreille ." Ce à quoi j'ai répondu: "Si un tel ange vous disait la vérité à l'oreille, vous ne le comprendriez pas car les catégories dont vous disposez l'empêchent!" Heisenberg: "Peut-être."

J'ai opposé le concept de "phénomène primordial" de Goethe à l'approche analytique des sciences naturelles abstraites, en soulignant le lien entre ce concept et la bombe atomique. Si Goethe avait pu prévoir le développement de la bombe atomique, il aurait souligné encore plus fortement sa référence à l'origine diabolique de la physique newtonienne.

Heisenberg est d'accord avec cela. D'une manière générale, il dit comprendre parfaitement la critique de Goethe à l'égard de Newton. Contrairement à la plupart de ses contemporains, il ne considère pas la controverse Goethe-Newton comme "réglée" ou surmontée. "Sinon, je n'aurais pas écrit à ce sujet". Et il souligne l'importance de la vision de la nature de Goethe pour les sciences naturelles du futur. Dans ce contexte, il s'est demandé ce que Goethe aurait pensé de la biochimie moderne. "Malheureusement, nous ne pouvons plus le lui demander. Le lien établi par Heisenberg entre l'acide nucléique ADN et le phénomène primordial de Goethe m'est resté incompréhensible. Il me semble que cela repose sur un malentendu.

Heisenberg a aussi remarqué une fois: "Vous voulez quelque chose de complètement différent des physiciens!". Ce à quoi j'ai répondu: "C'est exact. Mais pouvez-vous me dire en une phrase ce que vous voulez vous-même?" Heisenberg a hésité un instant, puis a répondu: "Je veux comprendre la nature et les liens qui la composent, et je veux le faire avec une telle précision que des prédictions soient possibles. "(Je suis convaincu que le lien entre "comprendre" et "prédire" souligné ici est épistémologiquement intenable.

Les fictions de Ptolémée permettaient également de faire des prédictions précises). La conversation a également porté sur Giordano Bruno, sans que je puisse expliquer en détail comment cela s'est produit. Mes références aux connaissances philosophiques de la nature de Bruno n'ont guère impressionné Heisenberg, qui a qualifié l'état d'esprit de Bruno de "religieux"!

À la fin de la conversation, qui a duré de 19 heures à 19 h 50, j'ai de nouveau fait référence aux "Matériau de construction du monde" en mentionnant l'éditeur et l'année de publication.

(Le "matériau de construction" a été publié pour la première fois par Ner Tamid Verlag – Erlangen 1970 – sous le pseudonyme de Simon Kraus).

Heisenberg a quitté Oberbozen le matin du 1er août. Je l'ai vu pour la dernière fois le matin de ce même jour. À la fin du mois d'août, je lui ai envoyé le "Der Baustoff der Welt" avec une lettre d'accompagnement détaillée, à la fin de laquelle je lui demandais de faire une déclaration publique, bien qu'il ait indiqué qu'il ne souhaitait pas le faire.

J'avais écrit dans la copie: "Werner Heisenberg en relation avec la conversation d'Oberbozen du 31.7.74: Seule la découverte du *véritable absolu* conduit à la "théorie unifiée des

126

champs" tant recherchée et à la réalisation de la véritable, c'est-à-dire de la relativité totale des phénomènes et de tous les processus physiques, y compris la lumière".

Dans la lettre de réponse qu'il m'a adressée (datée du 4 septembre 1974), Heisenberg a écrit que "bien sûr" il y avait beaucoup de choses correctes dans "The Building Material of the World", mais que "dans l'ensemble" il avait "le sentiment" que "Monsieur Kraus avait sous-estimé les difficultés des questions qu'il traitait".

Le jour du 30e anniversaire du bombardement atomique d'Hiroshima, c'est-à-dire le 6 août 1975, j'ai écrit à Heisenberg une deuxième lettre qui est restée sans réponse. – Werner Heisenberg est décédé le 1er février 1976.

Le compte rendu de la conversation imprimé ici a été fait en mai 1980, sur la base d'un journal de mémoire réalisé en août 1974. Ce n'est que maintenant que je considère qu'il est approprié de publier ces notes.

Berlin, août 1990

Notes de la rédaction

1 (p. 35)

Sur le mot "spiritualisme"

Helmut Krause utilise le mot spiritualisme dans un sens différent du sens habituel. Le mot anglais spiritualism est souvent utilisé dans la langue anglo-saxonne pour désigner le spiritualisme. Dans la tradition philosophique, le spiritualisme signifie quelque chose comme l'idéalisme au sens de la philosophie de Leibniz, Kant ou Hegel. Un troisième sens du mot fait référence à une attitude de base religieuse. Au sens le plus général, le spiritualisme désigne une attitude de l'esprit qui suppose que tout ce qui est réel est une manifestation ou un produit de l'esprit. Ce que H. Krause appelle le "spiritualisme amoureux de la nature" n'a rien à voir avec le spiritualisme et très peu avec une attitude de base religieuse ou un idéalisme épistémologique plutôt conventionnel.

2 (p. 57)

La radialité des champs gravitationnels des corps célestes

Il est instructif de comparer la description donnée par H. Krause de la radialité du champ de rayonnement de la désintégration du noyau comme cause de la gravitation aux hypothèses et aux fictions des physiciens théoriques sur la radialité des champs gravitationnels. Le philosophe Jochen Kirchhoff, qui a écrit les volumes sur Copernic, Schelling et Giordano Bruno dans la série de monographies publiée par Rowohlt Taschenbuchverlag, dans lesquels il traite à plusieurs reprises de la philosophie naturelle d'Helmut Krause, écrit (monographie de Copernic p. 127): "Pour Helmut Krause, la gravitation est l'effet de la désintégration de la matière dans le noyau céleste; la radialité des effets gravitationnels qui peuvent être détectés à la surface du corps céleste et dans l'orbite cosmique plus large est "réfléchie" d'une façon étonnante dans la direction du centre du corps céleste. Il en résulte une augmentation des pressions exercées sur la matière à mesure qu'elle s'approche du noyau terrestre, ce qui correspond à la forme radiale du champ gravitationnel". Cette "réflexion vers le centre de l'astre" *n'a pas* été menée par Newton et ses successeurs! Pour les physiciens, le champ gravitationnel de la Terre – et de tout autre corps céleste – n'est véritablement à symétrie radiale qu'à partir de la surface du corps céleste au sens large; selon la conviction dominante, la diminution des effets gravitationnels avec le carré de la distance – ou l'augmentation correspondante avec le carré de l'approche – ne s'applique que vers l'extérieur, c'est-à-dire de la surface de la Terre vers le cosmos, mais pas vers l'intérieur, dans les couches profondes du corps céleste. Cela découle de la fiction de l'attraction de masse de Newton.

Newton avait initialement étudié la question de savoir quelle devrait être l'accélération radiale de la lune, c'est-à-dire son accélération gravitationnelle vers le centre de la Terre, si l'on suppose que le satellite de la Terre se comporte comme n'importe quel autre corps soumis à la gravité à la surface de la Terre. Newton avait tout à fait raison de reconnaître que les valeurs de l'accélération gravitationnelle à la surface de la Terre et celles de tout corps à une distance de la lune se comportent inversement comme les carrés de R (distance terre – lune) et de r (rayon de la Terre). (Selon Krause, le seul problème est que la lune est considérée comme un corps inerte et lourd, ce qui est précisément le "point" du raisonnement de Newton, c'ést-á-dire la fameuse unification de la mécanique céleste et terrestre. Cela signifie que la Terre donne à un corps dans son champ d'action (selon Krause: seulement un corps sans son propre champ de rayonnement) une accélération qui est inversement proportionnelle au carré de la distance que le corps a du centre de la Terre. On peut en déduire de manière irréfutable que les lignes de champ du champ gravitationnel terrestre sont des lignes droites dirigées radialement vers le centre de la Terre. Il est peu connu que Giordano Bruno est parvenu à cette conclusion un siècle avant les travaux de Newton qui ont fait date en 1687, comme l'a montré Kirchhoff dans sa monographie sur Bruno. La déclaration correspondante de Bruno se trouve dans l'écrit "De l'infini, de l'univers et des mondes" de 1584. Cependant, Bruno – dans sa propre vision holistique et vivante – évite les conclusions abstraites et mécanistes qui ont caractérisé la physique dominante depuis Newton.

Newton affirmait que la masse de la Terre dans son ensemble (il entendait toujours par "masse" la "quantité de matière", le produit de la densité et du volume) était à l'origine des effets gravitationnels, c'est-à-dire la somme des particules de matière concentrées dans la Terre, qui devraient toutes s'attirer à nouveau sans entrave. Ainsi, à aucun moment de son travail – évident en soi – il n'a abordé la question de savoir si la gravité ou l'accélération gravitationnelle, se diminue avec le carré de la distance au centre de la Terre (pour autant que cela puisse être déduit de l'expérience à la surface de la Terre), et de mème s'*augmenterait* également avec le carré de la distance au centre de la Terre en fonction de la nature radiale des propriétés du champ. Bien entendu, cela est incompatible avec la fiction de l'attraction de masse, c'est-à-dire avec l'effet gravitationnel supposé de toutes les particules matérielles. La pensée mécaniste de Newton et de ses successeurs postule une *diminution* des effets gravitationnels vers le centre de la Terre, qui devrait finalement atteindre zéro au centre de l'astre.

L'augmentation de la gravité causée par le champ d'énergie spatial radial à mesure que nous nous approchons du noyau céleste signifie que les effets gravitationnels et de pression au centre de la Terre devraient être "infiniment intenses". Bien entendu, les processus de décomposition de la matière se produisent à partir d'une certaine profondeur, qui ne peut être déterminée avec exactitude. Si la distance 2r du centre de la Terre, c'est-à-dire deux fois le rayon de la Terre, signifie une réduction de l'effet attractif d'un facteur quatre (toujours selon Newton), la distance 4r une réduction d'un facteur seize, etc. Krause – la division par deux du rayon de la Terre devrait signifier une multiplication par quatre de la gravité, la quatrième partie du rayon de la Terre à partir du centre de la Terre devrait signifier une multiplication par seize, et ainsi de suite. Enfin, des "poids" de plusieurs billions de tonnes se produisent près du noyau de la Terre, la matière est incroyablement comprimée et perd toute ressemblance avec les formes accessibles à notre expérience. Enfin, la matière "se rompt", comme le dit H. Krause, irradie et se dissout complètement dans l'énergie primordiale, qui rayonne naturellement dans toutes les directions.

Sur le décalage vers le rouge

De l'explication du décalage vers le rouge donnée ici – comme un décalage vers le violet retardé – il découle naturellement de la radialité des champs d'énergie que certaines valeurs de décalage vers le rouge devraient également se produire sans réduction temporelle de la densité du champ terrestre. Plus les corps célestes sont éloignés de nous, plus l'échelle de rayonnement énergétique générée dans notre champ sera décalée vers le violet. Enfin, un corps céleste peut sortir complètement de la zone de visibilité. Bien entendu, cela dépend toujours du rayonnement intrinsèque du corps céleste en question. Tant que le corps céleste est visible, l'œil terrestre perçoit le ruban arc-en-ciel familier du spectre dans l'analyse spectrale – malgré le décalage. Avec l'augmentation de la distance, le décalage violet retardé (= décalage rouge) augmente également.

Ce type de décalage vers le rouge lié à la distance sera compensé, voire surcompensé, par l'augmentation de la densité du champ dans la phase ascendante du développement de la Terre, c'est-à-dire par l'augmentation de l'intensité du champ et la compression croissante des irradiations (quel qu'en soit le degré; il n'y avait pas d'yeux terrestres qui auraient pu l'observer). Dans la partie descendante du développement, les deux effets de décalage vers le rouge se superposeront et s'additionneront. À cet égard, le décalage vers le rouge des lignes dans les spectres des galaxies prouve clairement la diminution de l'intensité du champ terrestre. –

Le décalage vers le rouge de certaines parties du spectre solaire devrait être dû à un léger affaiblissement du processus de compression entre le Soleil et le champ terrestre. Ce deuxième type de décalage vers le rouge est souvent appelé "décalage vers le rouge gravitationnel" par les physiciens, car Einstein a affirmé dans sa théorie générale de la relativité que la lumière doit pour ainsi dire se dégager un chemin contre la résistance gravitationnelle du soleil et que, ce faisant, être capable d'échapper à la résistance gravitationnelle du soleil et ainsi perdre de l'énergie dans ce processus, c'est-à-dire qu'elle subit une réduction de fréquence ou un décalage des raies spectrales vers l'extrémité rouge du spectre. Cette interprétation einsteinienne est vivement contestée, même par les physiciens.

Une troisième forme de décalage vers le rouge (c'est-à-dire en plus de celui des spectres des galaxies et de celui de certaines parties du spectre solaire) peut être attribuée à des processus réels de mouvement cosmique. Par exemple, lorsque la Terre s'approche d'une étoile de l'écliptique sur son orbite autour du Soleil, les raies du spectre de l'étoile en question se déplacent vers le violet (décalage vers le violet); lorsque la Terre s'éloigne, les raies se déplacent vers l'extrémité rouge du spectre (décalage vers le rouge). Il convient d'ajouter que ces décalages dans les spectres de raies résultent toujours d'une comparaison avec les spectres de raies "correspondants" des éléments terrestres à la surface de la Terre.

Les physiciens expliquent également ce troisième décalage violet ou rouge par ce que l'on appelle l'effet Doppler. L'effet Doppler est basé sur l'expérience des ondes sonores: si la distance entre l'excitateur d'ondes et l'observateur diminue, l'observateur perçoit une fréquence plus élevée que si la distance reste constante. Dans le cas d'une voiture qui s'approche, par exemple, le bruit de plus en plus élevée est due au fait que l'oreille enregistre plus d'ondes sonores dans une unité de temps donnée que dans le cas d'une immobilité relative par rapport à la source sonore de la voiture. La situation est inversée dans le cas d'une voiture qui s'éloigne; le son devient alors de plus en plus profond. Les physiciens transposent maintenant ces faits d'expérience au mouvement ondulatoire de la lumière: Une source lumineuse qui s'éloigne signifie une distorsion de la propagation sphérique de la lumière pour l'observateur dans le sens d'une expansion des ondes. Au fur et à mesure que la source lumineuse s'approche, les ondes lumineuses apparaissent comprimées à l'observateur. Dans le premier cas, la longueur d'onde augmente, alors que dans le second, elle diminue.

L'application de l'effet Doppler au décalage vers le rouge des raies du spectre des galaxies (nébuleuses spirales) est la clé de toute la cosmologie moderne. Cette clé s'avère aujourd'hui être une illusion, comme on l'a parfois supposé indépendamment de Krause. Un exemple parmi tant d'autres est l'essai de Max Himmelheber dans la revue "Scheidewege" ("Carrefour") de 1971 ("Der Explosionsmythos. Über einen wissenschaftlichen Anschauungszwang" ("Le mythe de l'explosion. Sur la contrainte scientifique de regarder les choses"), repris dans l'anthologie "Die Erde weint. Frühe Warnungen vor der Verwüstung" ("La terre pleure. Premiers avertissements de la dévastation") de 1987 chez dtv-Verlag Munich, p. 162ff). Bien entendu, les physiciens partent de l'hypothèse (mieux: de la fiction) que le Soleil, les "étoiles fixes" et les galaxies émettent eux-mêmes de la lumière. Krause catégorise facilement ce type de décalage vers le rouge: dans le cas d'un mouvement de la Terre vers l'étoile située sur l'écliptique, les énergies de l'étoile en question, qui sont comprimées par le champ terrestre, subissent un décalage vers le rouge, c'est-à-dire que le processus de compression devient de plus en plus fort. Les raies, conformément à la caractéristique de "continuité" soulignée par Krause, sont en retard par rapport au décalage du reste du spectre et présentent nécessairement un décalage vers le violet (par rapport au spectre "sous-jacent"). Le cas inverse se produit lorsque la Terre s'éloigne de l'étoile en question; le décalage vers le violet de l'ensemble du spectre se traduit alors par un décalage vers le rouge des raies par rapport au spectre (décalage vers le violet retardé). En raison de sa structure, l'œil n'est pas en mesure de percevoir le déplacement de la "fenêtre arc-en-ciel"; d'un côté (dans le domaine de l'ultraviolet), des énergies sont gagnées, tandis que de l'autre côté (dans le domaine de l'ultra-rouge), elles sont perdues ou s'amenuisent. L'œil est toujours fixé sur la partie visible connue. Et seul le déplacement des lignes est observable directement.

L'éloignement de la Terre par rapport à l'étoile sur l'écliptique a pour effet une réduction correspondante de l'intensité de son champ énergétique spatial, tandis que l'approche correspond à l'augmentation de la densité du champ ou produit le même effet. Lorsque la Terre se rapproche, l'astre en question pénètre dans une densité de champ plus élevée de la Terre; lorsque la Terre se déplace dans la direction opposée il en résulte une pénétration de l'astre dans une densité de champ plus faible.

Les connaissances acquises sur le troisième type de décalage vers le rouge peuvent être transférées à l'interprétation du décalage vers le rouge des galaxies. L'affaiblissement du champ d'énergie spatial de la Terre correspond à un mouvement de fuite loin de la Terre – même si ce mouvement n'est qu'apparent. Seule la limite du champ mentionnée par H. Krause, au-delà de laquelle il n'y a plus de compression dans une plage d'oscillation reconnaissable pour nous, est un *mouvement réel*. La fuite apparente des nébuleuses spirales est donc un processus inversé par rapport au mouvement réel de la Terre dans la direction opposée à l'étoile sur l'écliptique. Le mouvement réel de la frontière mentionné par Krause signifie également un mouvement réel de l'ensemble du champ en direction de sa zone d'origine, le noyau du corps céleste Terre. Dans la partie descendante du développement matériel du corps céleste, le champ d'énergie spatial se retire pour ainsi dire vers son origine. Le renforcement et l'affaiblissement du champ peuvent peut-être être interprétés comme un puissant mouvement de respiration cosmique auquel chaque corps céleste est soumis. –

4 (p. 62)

Sur la notion d'"accidens"

Dans la philosophie naturelle de Giordano Bruno, Jochen Kirchhoff écrit: "Selon Bruno, les organes sensoriels ne sont pas des outils cognitifs cosmiques, mais terrestres; par leur nature même, ils sont incapables d'enregistrer la "vérité" ou la "réalité" ... Ce qui se présente à nous dans le monde des apparences n'est pas l'essence ou la substance, mais a seulement le caractère d'accidentel. Bruno reprend le terme "accidentel" de la tradition philosophique et l'oppose au terme "substance". Dans la tradition, accidentel signifie la propriété ou l'état d'une substance;

138

alors que cette dernière existe par elle-même et se fonde en elle-même, les accidentels sont entièrement dépendants de la seule substance que l'on puisse qualifier d'"être", c'est-à-dire qu'ils n'ont aucune indépendance. Dans l'œuvre de Bruno, le terme "accidentel" est peut-être mieux rendu par "forme d'apparence". Le Nolan reproche par exemple aux Aristotéliciens, qu'il appelle "sophistes", de ne pas tenir compte de la substance des choses et de ne s'occuper que des choses accidentelles, qui ne sont rien de simple et donc d'original, mais quelque chose composée et par conséquent, comme il le dit littéralement, "sans permanence et sans vérité", tendant toujours vers la première dissolution dans la substance. Toute création, de quelque nature qu'elle soit, est un changement, tandis que la substance reste toujours la même, parce qu'il n'y en a qu'une, un être divin immortel". (Monographie de Bruno p. 65/65)

5 (p. 68)

Par rapport au ciel étoilé fixe, la lune effectue naturellement une rotation par orbite autour de la Terre (rotation sidérale).

6 (p. 70)

La déviation du périhélie et la loi de la gravitation

Dans sa monographie sur Copernic Jochen Kirchhoff écrit que la déviation du périhélie de la planète Mercure indique (p. 103): "Il faut considérer comme une curiosité dans l'histoire des sciences le fait que les insuffisances de la mécanique céleste newtonienne soient également mises en lumière précisément dans le cas de Mercure: c'est à cette époque (milieu du XIXe siècle), lorsque la découverte de la planète Neptune par Leverrier semblait confirmer de manière impressionnante la précision et le pouvoir prédictif de la mécanique céleste, que les premières faiblesses de l'approche mécaniste sont devenues apparentes. Le monde scientifique a célébré la découverte de la nouvelle planète en bonne et due forme. Les irrégularités orbitales d'Uranus avaient suggéré l'existence d'une planète jusqu'alors inconnue dont on pouvait déduire l'effet gravitationnel et la période orbitale; Neptune fut effectivement trouvée à proximité immédiate de l'endroit prédit par Leverrier, bien que les irrégularités orbitales d'Uranus ne puissent pas non plus être entièrement expliquées par Neptune. Le même Leverrier avait fait l'observation, confirmée par les calculs orbitaux les plus précis, que la planète Mercure ne pouvait pas être parfaitement "subordonnée" aux lois de Newton: son périhélie, c'est-à-dire le point de son orbite le plus proche du soleil, s'éloignait un peu plus chaque année. Malgré la prise en compte des perturbations gravitationnelles des autres planètes, il restait une quantité résiduelle inexpliquée (d'ailleurs aussi dans le cas de Vénus), qui, aussi petite soit-elle, contredisait les lois de Newton. Comme on le sait, cette anomalie de Mercure a été l'une des principales impulsions pour le développement de la théorie générale de la relativité d'Einstein. S'il y a le moindre espoir", écrivait Einstein, "de voir les écarts par rapport à la loi de Newton confirmés quelque part, alors ici, c'est pour Mercure". Einstein a tenté d'expliquer l'écart de l'orbite de Mercure par rapport à la forme elliptique en introduisant de nouvelles fictions liées à la quadridimensionnalité postulée de l'espace-temps. Les nouvelles équations gravitationnelles modifient la forme géométrique de l'orbite de Mercure: Einstein suppose fictivement une orbite en forme de rosette ou la rotation de l'orbite elliptique par rapport au système fermement relié au Soleil. Si l'on tient compte de la nature controversée de la théorie générale de la relativité, Mercure resterait ce facteur perturbateur des efforts scientifiques visant à résoudre l'énigme du mouvement planétaire qui ne peut être maîtrisé. Elle démontre la nécessité de corriger la fiction mécaniste de l'attraction des masses dans son application aux mouvements des astres.

Sur les aspects fondamentaux de l'interprétation physique des mouvements du système solaire dans les sciences naturelles abstraites depuis Newton, il est dit dans l'étude de Copernic (p. 123/124): "L'abandon de la question de l'essence a eu des conséquences considérables, car des fictions étaient désormais nécessaires pour permettre l'accès informatique à l'environnement cosmique et naturel. La question des causes "réelles" du mouvement des astres a également été éliminée: la pensée mécaniste postule le maintien indéfini d'un mouvement inertiel rectiligne et uniforme. Dans cette optique, les planètes tombent sans cesse autour du soleil, la gravité solaire et la force d'inertie tirant vers l'extérieur étant maintenues en équilibre. Max Jammer a souligné à juste titre qu'en mécanique classique, l'inertie, c'est-à-dire la résistance inertielle d'un corps se voyait attribuée la même fonction que l'"anima motrix", la force de mouvement de l'âme du monde, dans l'astronomie pythagorico-platonicienne. La gravité devint la force fondamentale inexplicable de la matière; Newton lui-même *ne* considérait *pas* la gravité, contrairement à l'inertie, comme une force physique réelle, et il était également un opposant farouche à l'idée de l'action à distance associée à son nom. Selon cette idée, la gravité agit sans perte de temps, c'est-à-dire "instantanément", à travers l'espace vide, sans être influencée par de la matière intermédiaire ou d'autres processus physiques; et cela est censé s'appliquer à chaque particule atomique, sur n'importe quelle distance – une fiction étonnante que Leibniz avait déjà attaquée de manière astucieuse! La seule valeur empirique de la loi de la gravitation dans son application aux corps célestes est le facteur $1/r^2$, une paraphrase mathématique de la forme radialement symétrique des champs gravitationnels. Naturellement, les valeurs respectives de masse et de densité des corps célestes ne peuvent être déterminées directement; cependant, afin de faire des déclarations mathématiquement utilisables, des affectations numériques ont dû être faites – dans un réseau compliqué de fictions et d'hypothèses complémentaires et interdépendantes – dont l'improuvabilité expérimentale est incontestable". Ce qui se passe ici est incompréhensible pour le "profane" admiratif; presque personne ne se rend compte des possibilités de manipulations mathématiques et de raisonnements circulaires. – Sur un total de 5600 secondes d'arc de déviation du périhélie par siècle sur Mercure, 5557 ont pu être expliquées par l'influence gravitationnelle d'autres corps célestes. Un reste inexplicable de 43 secondes d'arc subsistait, et toutes les tentatives de sauver la loi de la gravitation de Newton avec certaines hypothèses supplémentaires se sont révélées insoutenables. Il a également ignoré le fait que les 43 secondes d'arc calculées n'étaient que la partie émergée de l'iceberg. Seules les manipulations mathématiques et les déductions circulaires basées sur des valeurs de densité fictives ont donné l'impression – erronée – que les équations de Newton se rapprochaient au moins des orbites réelles des planètes. Selon Newton, la densité de la matière stellaire – en tant qu'expression de la masse supposée dans chaque cas – devrait déterminer la force du champ gravitationnel d'un corps céleste en plus de la taille de l'étoile. Une détermination expérimentale de la densité de la planète Terre dans les couches supérieures donne une valeur moyenne de 2,7 g/cm^3 (grammes par centimètre cube). Cette valeur est dérivée de l'expérience. Si la Terre dans son ensemble, au sens de l'uniformité supposée des formes de la matière même dans les couches les plus profondes de la Terre, avait également cette valeur moyenne de densité, sa force gravitationnelle devrait être considérablement inférieure à ce qu'elle est en réalité. La circularité du raisonnement des physiciens peut être étudiée très clairement ici. On en conclut donc que la densité moyenne de la Terre dans son ensemble ne peut pas être identique à celle des couches supérieures de la Terre: elle doit être plus élevée. Certaines valeurs de densité sont aujourd'hui postulées (il n'existe aucune preuve empirique) pour certaines couches de la Terre afin d'éliminer la divergence susmentionnée. Par exemple, le noyau de la Terre aurait une densité d'environ 17 g/cm^3 (grammes par centimètre cube). La valeur moyenne de la densité du noyau terrestre dérivée des idées dominantes serait de 5,51 g/cm^3. Entre parenthèses, la densité de l'eau à la surface de la Terre à une température de 4 degrés Celsius est de 1 g/cm^3.

La densité en général est comprise comme le quotient de la masse et du volume. Pour déterminer la densité moyenne de la Terre dans son ensemble, il faut donc diviser la valeur de la masse de la Terre par la valeur du volume de la Terre. La masse – purement fictive – de la Terre est calculée à l'aide de la loi de la gravité de Newton en multipliant le produit de l'accélération due à la gravité à la surface de la Terre ($9,81$ m/s^2) par le carré du rayon moyen de la Terre (6370 km) et en divisant par le facteur G – la soi-disant constante gravitationnelle – ce qui donne une valeur d'environ $5,97 \cdot 10^{24}$ kg. 10^{24} kg. Cette valeur est divisée par la valeur $4/3 \pi$ (6370 km^3) – le volume de la Terre – et le résultat est la valeur de $5,51$ g/m^3 déjà mentionnée.

Tout cela n'est qu'un rêve mathématique! Elle n'a pratiquement rien à voir avec la réalité physique ou cosmique. Empiriquement, la valeur du volume de la Terre est la valeur de l'accélération gravitationnelle à la surface de la Terre. Le facteur G est également déterminé au moyen d'une mesure, mais ce qui est mesuré n'a rien à voir avec la gravité céleste. Nous y reviendrons plus loin. La densité d'autres corps célestes, comme Jupiter, est calculée de la même manière, en utilisant ici les données orbitales de Io, la lune de Jupiter. Selon ces rêves mathématiques, la densité de la géante des planètes ne devrait être que de $1,33$ g/cm^3; pour Saturne, la densité devrait même être inférieure à celle de l'eau: $0,72$ g/cm^3! Jupiter et Saturne sont imaginées comme des sphères de gaz incandescentes. Une valeur de $1,41$ g/cm^3 est donnée pour le Soleil et ainsi de suite. Tout ceci n'est mentionné que pour montrer le caractère spéculatif et circulaire de l'argumentation mathématique-physique; les valeurs empiriques sont toujours mélangées à des valeurs hypothétiques et fictives.

Si la planète géante Jupiter avait la même densité – supposée – que la Terre, c'est-à-dire pas la valeur extrêmement faible supposée, elle constituerait, selon les fictions dominantes, un énorme facteur de perturbation gravitationnelle dans le système solaire; son influence sur les orbites des autres planètes devrait être incomparablement plus grande qu'elle ne l'est en réalité. Il en va de même pour Saturne et, sous une forme légèrement différente, pour le Soleil. Si l'étoile centrale avait une densité comparable à celle de la Terre, son attraction gravitationnelle serait si grande que les planètes devraient se déplacer beaucoup plus vite pour ne pas s'écraser sur le Soleil. Ainsi, dans le cadre des idées de Newton, une valeur détermine l'autre. L'ensemble est construit de manière circulaire, ce qui est difficile à comprendre au premier abord.

Dans un manuel d'astronomie populaire de la fin du XIXe siècle, l'idée suggérée ici est expliquée: "La force de l'attraction exercée par un corps dépend, outre de la distance, de sa masse, et la masse de la taille et de la densité. Les astronomes déterminent la taille des corps de notre système solaire, leurs distances et en même temps la force de leur attraction. Si l'on pense à tout cela, on se rend compte qu'il est possible qu'ils soient en mesure de tirer des conclusions fiables sur leur densité. Supposons, par exemple, que l'on puisse déterminer la force avec laquelle Jupiter attire la Terre et que l'on connaisse sa taille et sa distance, comme c'est le cas. Si Jupiter attire maintenant la Terre moins fortement que ce que l'on attendrait proportionnellement à sa taille et à sa distance, cela ne peut être dû qu'au fait que sa masse est plus lâche que celle de la Terre. Si l'on connaît cette dernière telle que nous la connaissons (en moyenne environ 5 ½ fois plus dense que l'eau distillée), on peut en tirer des conclusions sur la densité de Jupiter. C'est ainsi que les astronomes ont déterminé le rapport de densité des corps célestes".

La pensée circulaire qui sous-tend toutes ces conclusions a ainsi été exprimée avec une clarté souhaitable. La "conclusion sûre" mentionnée ci-dessus est une simple illusion; l'*ensemble* n'est pas vrai, la fiction de l'attraction de masse en tant que telle est insoutenable. Et si nous nous penchons à présent sur les fameuses 43 secondes d'arc (43/3600 degrés) de la déviation du périhélie de Mercure, il devient clair que cette valeur est également une déclaration sur les manipulations effectuées avec les valeurs de densité des étoiles – manipulations qui n'ont pas tout à fait fonctionné dans le cas de la planète la plus proche du soleil. La correction d'Einstein ne change en rien l'erreur fondamentale de toute cette approche. Si une sonde atterrissait sur Jupiter et qu'il s'avérait que cette planète possède une surface solide (ce qui, selon Krause, doit être le cas), cela constituerait une réfutation incontestable de la loi de la gravitation – même dans le cadre des schémas de pensée physiques conventionnels – car les effets gravitationnels de Jupiter devraient alors être considérablement plus forts qu'ils ne le sont en réalité ...

La loi de la gravitation de Newton repose sur l'affirmation que toutes les particules matérielles de l'univers s'attirent – sans entrave – avec une force directement proportionnelle au produit de leurs masses et inversement proportionnelle au carré de leur distance. En outre, on suppose que le facteur t – c'est-à-dire le temps – est éliminé, c'est-à-dire que les interactions gravitationnelles traversent l'espace à une vitesse infinie sans aucune perte de temps. La quantité G est maintenant introduite comme facteur de proportionnalité, de sorte que l'équation prend la forme suivante: F (force) = $G (m_1 m_2)/r^2$. Les physiciens qui ont suivi Newton considèrent G comme une "constante naturelle" indépendante de la nature des corps qui s'attirent. (Selon Krause, toutes les "constantes" de la physique sont la dernière variable dans le flux des changements d'état des champs d'énergie spatiaux). La valeur numérique de G ne peut pas être déterminée à partir du mouvement des planètes et des lois de Kepler; elle est déterminée à l'aide de la "balance de rotation gravitationnelle", développée à la fin du XVIIIe siècle, un appareil de mesure avec lequel on peut – prétendument – mesurer directement la gravité entre deux sphères métalliques. L'expérience montre que les sphères métalliques s'attirent mutuellement en fonction de leur taille (et de leur densité, bien sûr) et de leur distance, de sorte qu'un champ d'attraction à symétrie radiale émane de chaque sphère.

Que mesurons-nous ici? Selon toute apparence, il s'agit d'une interaction analogue à l'interaction électromagnétique, dont l'intensité est cependant bien inférieure à celle des interactions électromagnétiques. L'attraction au sens de l'effet d'un champ énergétique irradié par les corps célestes présuppose la conversion thermique de la matière en énergie spatiale. L'analogie bien connue entre la loi fondamentale de l'électrostatique – dite loi de Coulomb – et la loi de la gravitation donne une indication sur la "charge" apparemment à l'œuvre dans l'expérience de la balance tournante. Selon Coulomb, l'effet attractif ou répulsif de deux pôles magnétiques ou charges électriques (différents ou semblables) est directement proportionnel au produit des charges ou de la force des pôles et inversement proportionnel au carré de la distance. Cette correspondance formelle entre les lois du magnétisme et de l'électricité (stationnaire) et celles de l'interaction gravitationnelle, comme le montre l'expérience de la balance tournante, suggère l'idée d'un lien étroit. La loi de la gravitation décrit approximativement une certaine forme d'interaction à la surface de l'astre, analogue à celle de l'électromagnétisme. Elle n'est pas valable pour les corps célestes. Les interactions observées se propagent approximativement à la vi-

tesse de la lumière. Aucune déclaration vérifiée expérimentalement ne peut être faite sur la portée de ces effets attractifs; il en
va de même pour l'universalité supposée (qui est fictive) et la
question de la pénétrabilité ou de l'absence de blindage. Seul le
rayonnement à l'état pur est capable d'une pénétration illimitée
et ne peut être protégé. Les sphères métalliques à la surface de
la Terre ne peuvent être assimilées à des corps célestes soumis
à leur propre désintégration. Le champ à symétrie radiale –
comprimé et transformé – autour des sphères métalliques reflète certes la forme correspondante du champ terrestre, mais il
ne peut être assimilé au champ dans son état original. Sa capacité de pénétration est aussi limitée que sa portée et la vitesse de
propagation des interactions.

7 (p. 77)

Changements d'agrégats et volcans

Dans le cadre des idées conventionelles les facteurs de pression
jouent également un rôle central dans l'état respectif de la matière – c'est-à-dire les états d'agrégation. L'état global est toujours fonction de la pression régnante et des processus de mouvement atomique. Si ces derniers sont accélérés, la pression doit
être augmentée afin de maintenir l'état solide de la matière, par
exemple. Dans le cas contraire, c'est-à-dire si l'approvisionne-
ment en énergie thermique et l'augmentation de la vitesse des
mouvements atomiques qui en résulte ne sont pas compensés
par une pression plus élevée, le passage à l'état liquide se produit. Il en va de même pour le passage de l'état liquide à l'état

gazeux. Krause indique maintenant clairement que le rayonnement du noyau est à l'origine des mouvements atomiques et de la pression dominante (la cohésion de la matière). Les points de fusion et d'ébullition dépendent de la densité du champ énergétique. Si de la matière solide jaillit maintenant des couches profondes de la Terre, les mouvements atomiques ne peuvent pas s'adapter immédiatement à la densité de champ plus faible ou à la pression réduite, c'est-à-dire qu'ils conservent leur vitesse de mouvement. Mais la conséquence est que la pression réduite n'est plus suffisante pour maintenir l'état solide de l'agrégation; la matière solide fond.

8 (p. 80)

A propos des taches solaires

Les groupes de taches solaires ont une durée de vie moyenne de 6 jours, les taches individuelles n'existent parfois que pendant quelques heures, les groupes plus importants pendant plusieurs mois. On remarque que l'intensité de la formation des taches est soumise à certaines fluctuations périodiques, une *période* moyenne *de 11 ans* (intervalle entre deux maxima de taches solaires) s'étant développée sur des périodes plus longues. Si l'on considère que la plus grande de toutes les planètes, Jupiter, a une période orbitale autour du soleil d'une durée de 11,86 années terrestres, il devient évident qu'il existe une relation causale. Un tel lien a également été supposé de temps à autre, sans que l'on en connaisse la raison. Plus que les autres planètes ou leurs champs d'énergie, Jupiter provoquera des processus de compression dans le champ d'énergie spatial du Soleil, qui seront perceptibles pour un observateur terrestre sous la forme de taches sombres sur le disque solaire. Les astronomes supposent qu'il existe un lien direct entre les taches solaires et les champs magnétiques puissants qui apparaissent localement; les champs magnétiques se forment exactement à l'endroit où les taches solaires deviendront visibles. Il n'est pas possible de vérifier s'il s'agit réellement de champs magnétiques, car les champs magnétiques supposés sont une conclusion tirée d'études spectroscopiques. Si l'on considère la manière dont Krause explique le phénomène du magnétisme, l'existence de tels champs magnétiques est tout à fait plausible. Bien entendu, la fiction des physiciens et des astronomes selon laquelle le Soleil est une sphère chaude de gaz doit être révisée.

9 (p. 83)

La "masse" fictive des corps célestes

Les physiciens ne parlent pas du "poids" mais de la "masse" des étoiles. Le concept de masse en physique est entaché d'inexactitudes et de contradictions considérables, comme l'a démontré Max Jammer dans une étude ("Concepts of Mass" de 1960). Le concept de masse est incontestablement dérivé de l'expérience quotidienne du poids; l'unité de mesure – g ou kg – est identique pour la masse et le poids. Un kg de masse dans un espace sans gravité, selon les idées dominantes, ne peut évidemment pas appuyer sur une surface, il n'est donc pas assimilable à un poids, mais il représente très bien une résistance inertielle à une force extérieure. Le concept de masse en tant que tel ne peut être appliqué à un corps céleste; il est réduit à l'absurde. Les distinctions subtiles entre poids et masse dans la terminologie de la physique perdent leur sens du point de vue cosmique, tel qu'il apparaît chez Giordano Bruno et Helmut Krause.

Au sens strict, la mécanique newtonienne distingue trois types de masse: la masse inertielle, la masse gravitationnelle active et la masse gravitationnelle passive. La masse inertielle est la résistance à l'accélération selon la loi de la force; la masse gravitationnelle active est la masse en tant qu'origine matérielle de la force gravitationnelle; la masse passive est l'objet matériel de la force gravitationnelle. Ces trois types de masse sont définis comme étant proportionnels l'un à l'autre en mécanique classique.

Selon H. Krause, les effets gravitationnels au centre de l'astre s'annulent. Qu'est-ce que cela signifie que les corps célestes "ne pèsent rien" par rapport aux trois types de masse que les physiciens ont supposés pour chaque corps céleste depuis Newton? Si l'on prend d'abord la définition de la masse de Newton comme une simple "quantité de matière", alors la "masse" d'un corps céleste – dans ce sens – serait totalement indéterminable. D'une part, parce que la limite au-delà de laquelle la matière se dissipe dans l'énergie de l'espace ne peut être spécifiée avec précision. Ensuite, parce que l'idée d'une "quantité de matière", dérivée par Newton de la fiction des atomes comme "sphères de réalité" impénétrables et dures, est absurde au vu des formes de matière complètement différentes dans les couches profondes de la Terre.

Le concept de "masse gravitationnelle passive" au sens de la mécanique newtonienne ne peut s'appliquer à un corps céleste. Un corps céleste auto-rayonnant dans son ensemble ne peut pas être l'objet de l'attraction d'un autre corps céleste de la même manière qu'un corps qui n'est pas soumis à la désintégration du noyau et qui est complètement pénétré par le rayonnement du noyau.

Un corps céleste n'a pas de "résistance inertielle", la "masse inertielle" est nulle. L'inertie ne peut se produire que dans un corps qui n'est pas soumis à sa propre désintégration. Ce n'est pas le corps céleste lui-même, mais le champ d'énergie qui l'imprègne et l'entoure qui est porteur de mouvement. En revanche, le corps céleste dans son ensemble *repose* par rapport à son propre champ d'énergie spatial, auquel il est inextricablement lié! L'inertie est un effet de champ, une propriété de la matière *générée par* le champ d'énergie; on ne peut attribuer à la matière aucune propriété "en soi", comme l'idée de l'inertie en tant que "quantité absolue" (pour un corps donné) au sens de Newton. L'effet de base du champ est le même pour toutes les formes de relaxation – c'est-à-dire pour la matière; *pour le champ d'énergie*, il n'y a pas d'inertie de la matière sous son influence. Il attire tous les corps avec la même intensité – en fonction de la densité du champ ou de la distance par rapport à la désintégration du noyau – vers le centre de l'astre. *Par conséquent*, tous les corps tombent à la même vitesse!

Selon H. Krause, il existe bien une "résistance" des corps célestes, mais celle-ci n'a rien à voir avec l'inertie au sens de la mécanique newtonienne. Cette résistance est basée sur le rayonnement lui-même et se rapporte à l'irradiation respective de l' environnement cosmique.

Le concept de "masse gravitationnelle active" est également inutile et absurde pour le système céleste; l'attraction gravitationnelle des étoiles n'est pas un effet de la matière céleste en tant que telle. – La mécanique terrestre ne peut être étendue à la mécanique cosmique. Une équivalence physique entre les processus de projection et d'impact à la surface de la terre et le mouvement de la terre dans son ensemble, comme on l'a prétendu depuis Newton, ne peut exister en raison de la radialité et d'autres propriétés du champ énergétique.

10 (p . 88)

De l'habitabilité du Soleil et des étoiles fixes

Le Soleil et les étoiles fixes comme des sphères de gaz incandescentes dans des espaces d'un vide glacial et hostile: cela semble avoir un sens immédiat pour une proportion considérable de nos contemporains, alors que l'idée de l'habitabilité de ces corps célestes semble plutôt étrange, voire absurde pour la plupart d'entre eux. On a largement oublié qu'il en allait tout autrement au XVIIIe siècle. L'idée de l'habitabilité de tous les corps célestes, y compris le Soleil et les étoiles fixes, était une "connaissance scientifique commune" (Kirchhoff, monographie Bruno, p. 114). "Les penseurs des Lumières postulaient la présence cosmique de la raison, et Voltaire, par exemple, défendait l'idée que les habitants de Sirius, dont il ne doutait pas de l'existence, étaient dotés d'une "morale" comparable à la morale terrestre. L'astronome Wilhelm Herschel (1738-1822), qui a découvert la planète Uranus, était, comme Newton, convaincu que le Soleil était habitable. De telles idées ont disparu de la conscience scientifique au XIXe siècle; seule la cosmologie de Simon Kraus (= Helmut Krause) a ouvert la possibilité de remettre en question la théorie de la "fournaise solaire" qui prévaut aujourd'hui. (Kirchhoff, Bruno, p. 114).

Giordano Bruno a déjà montré que la fiction du four solaire est une conception médiévale orientée vers le réalisme naïf. Le réalisme naïf prend d'abord les choses telles qu'elles apparaissent aux sens. Cette fixation sur les apparences a été le principal obstacle à la réalisation de la doctrine copernicienne; le pouvoir suggestif de l'expérience sensorielle directe – ici liée au calme (apparent) et à l'immuabilité du sol qui nous supporte – était un obstacle énorme à la connaissance. En effet, il était initialement improbable que ce sol soit lui-même sujet à des mouvements rapides, d'autant plus qu'il n'était pas possible de le prouver directement, ni sensuellement ni physiquement. Bruno a pris cette illusion fondamentale comme point de départ d'une relativisation fondamentale de la perception sensorielle en général, et en premier lieu de la perception de l'environnement cosmique. Il partait du principe qu'une sagesse divine régnait dans le cosmos et que chaque corps céleste devait en principe avoir la possibilité d'engendrer une vie intelligente (voir aussi Kirchhoff, Bruno, p. 105 et suivantes).

La personne orientée vers un réalisme naïf conclut de l'éclat scintillant du disque du Soleil et du pouvoir apparemment calorifique du corps céleste diurne à un corps extrêmement chaud, une sorte de fournaise cosmique. Enfin, l'expérience à la surface de la Terre nous apprend que les phénomènes lumineux se produisent avec des corps incandescents. Et il faut faire preuve d'une grande perspicacité pour distinguer l'apparence et la réalité cosmique des étoiles les unes des autres. Giordano Bruno a été le premier à franchir réellement cette étape de connaissance et à dépasser ainsi la pensée géocentrique.

Ce dépassement de la pensée géocentrique comprenait la prise de conscience de la structure solide et "froide" de tous les corps célestes. Les sphères de gaz incandescentes, l'univers en expansion qui se désagrège depuis le monstrueux "Big Bang", les trous noirs et autres fictions similaires sont en fin de compte à considérer comme des projections: l'âme, aliénée du cosmos, projette sa propre structure sur la "surface miroir" de l'environnement cosmique. Les couches explosives de l'âme correspondent aux explosions – fictives – à l'intérieur des étoiles. Une grande partie de la cosmologie moderne est avant tout intéressante en tant que phénomène psychologique profond, c'est-à-dire en tant que gigantesque système de *projections*. Les phénomènes physiques analysables de l'environnement cosmique peuvent, comme le montre Krause de manière convaincante, être interprétés d'une manière fondamentalement différente et considérablement plus significative. Pourtant, il est instructif de visualiser une esquisse d'une partie de la ligne de pensée qui a finalement conduit à l'idée dominante actuelle du Soleil et des étoiles fixes, qui a maintenant été retirée du sol.

Tout d'abord, l'analyse spectrale est un instrument de connaissance physiquement indispensable. Depuis les recherches de Gustav Robert Kirchhoff (qui a vécu de 1824 à 1887), l'analyse spectrale a été appliquée aux spectres du soleil et des étoiles fixes. Les corps solides et liquides incandescents ainsi que les gaz exceptionnellement comprimés émettent des spectres continus qui ne permettent pas de connaître la nature chimique de la substance émettrice de lumière. (, Nous ne parlons d'abord que des expériences à la surface de la Terre). Les spectres de raies ne sont émis que par des gaz monoatomiques (spectres atomiques), ce qui permet d'attribuer des raies très spécifiques à un élément chimique à l'état gazeux. Les éléments peuvent ainsi être identifiés. La disposition des raies présente certaines régularités qui ont été analysées en détail.

En principe, on distingue les spectres d'émission et d'absorption. Toute substance gazeuse n'absorbe que les longueurs d'onde qu'elle émet à l'état lumineux; là où une substance produit des raies lumineuses dans le spectre d'émission, elle produit des raies sombres dans le spectre d'absorption. Le spectre solaire, qui semble continu à première vue, présente de fines lignes noires lorsqu'on l'examine de plus près (lignes de Fraunhofer). Gustav Robert Kirchhoff affirmait alors que ces lignes devaient être interprétées comme des spectres d'absorption. Kirchhoff a supposé la fiction d'un noyau solaire incandescent; le noyau solaire devrait émettre un spectre continu. Cette lumière devrait ensuite pénétrer la couche de gaz incandescents entourant le cœur du soleil; la couche de gaz incandescents absorbe la lumière des fréquences qu'elle peut émettre même à des températures supposées énormes. Et ainsi de suite. Les conclusions s'empilent les unes sur les autres et la réalité cosmique disparaît derrière un brouillard de raisonnements mathématiques et physiques circulaires et de fictions.

La loi dite de déplacement de Wien (formulée pour la première fois en 1893) a constitué une étape supplémentaire vers la fiction du four solaire qui prévaut aujourd'hui. Cette "loi" est utilisée pour déterminer la température de surface du soleil. Elle est basée sur la distribution spectrale d'un "corps absolument noir", qui émet plus de rayonnement dans chaque gamme spectrale que n'importe quel autre corps à la même température. W. Wien a supposé que pour un tel corps, le produit de la longueur d'onde du maximum de rayonnement et de la température dite absolue du corps rayonnant était constant. Si l'on connaît la longueur d'onde du rayonnement maximal de l'énergie solaire, on peut déterminer la température de surface du Soleil, en supposant que les prémisses sont vraies. Il faut bien sûr supposer que le Soleil se comporte comme un "corps absolument noir" en ce qui concerne son rayonnement. On prétend que c'est à peu près le cas; le Soleil devrait avoir juste la température à laquelle la longueur d'onde du maximum de rayonnement se situe dans le domaine de la visibilité. Etc. Les conclusions sont purement fictives. La surface du Soleil n'est pas un objet d'expérience physique; il n'existe pas de mesure inconditionnelle de sa température.

Enfin, en 1911, le physicien français Paul Langevin, qui a établi la formule de l'énergie en même temps qu'Einstein (1905), a découvert ce que l'on appelle le défaut de masse, c'est-à-dire la diminution de la masse des éléments de base lorsque ceux-ci – avec la perte d'énergie – se combinent pour former des noyaux atomiques. Langevin a associé ce processus à la source d'énergie solaire; les processus masse-énergie indiqués dans la formule de l'énergie ont été utilisés pour expliquer l'énergie solaire. Bien entendu, des niveaux de chaleur inimaginables à l'intérieur du Soleil ont dû être postulés pour permettre les processus de fusion des noyaux. On a calculé que le Soleil convertit 4,2 millions de tonnes d'énergie par seconde; étant donné que l'on suppose que l'étoile centrale a un âge de 4,5 milliards d'années, la perte de masse est plutôt faible.

Les calculs de H. Bethe et C. F. von Weizsäcker de 1938 (cycle carbone-azote) sont basés sur les fictions sus mentionnées. La transformation de l'hydrogène en hélium nécessite une température minimale de 5 millions de degrés Celsius; les températures de surface supposées du Soleil et des étoiles fixes peuvent donc être qualifiées de relativement froides ... Il s'agit ici, sans exception, de fictions et de conclusions circulaires basées sur des prémisses erronées. Il s'agit de phénomènes de conscience objectivés, correspondant à la bombe atomique et à la catastrophe écologique. D'un point de vue physique, la principale erreur réside dans le fait que les expériences vécues à la surface de la Terre sont toujours projetées sans esprit critique dans le cosmos. La cause réelle étant inconnue, les chaînes de causalité sont construites sur la base d'hypothèses fictives. Cela s'applique à toutes les considérations cosmologiques des physiciens et des astronomes; l'ingéniosité dont ils font preuve pour anticiper est remarquable: seules les prémisses ne sont pas correctes. Le résultat final est une vision du monde tout simplement absurde et sombre, expression de l'"âme moderne".

11 (p. 104)

Champ énergétique spatial et éther

Si H. Krause assimile ici l'éther de la physique d'avant Einstein au champ d'énergie spatial des corps célestes, cela ne s'applique naturellement qu'avec certaines restrictions résultant de la nature du champ de désintégration du noyau. D'un point de vue physique, Krause est sans aucun doute le perfectionneur de la théorie des champs de Faraday-Maxwell; en même temps, il surmonte les vestiges mécanistes de la théorie traditionnelle de l'éther. Le champ énergétique de la Terre possède *également* les propriétés attribuées à l'éther, mais son essence est bien plus

158

grande. La dimension spirituelle manquait à la théorie de l'éther du 19e siècle. – Michael Faraday avait d'ailleurs déjà avancé la théorie selon laquelle la gravité devait être un phénomène de rayonnement, c'est-à-dire que l'énergie de rayonnement devait être attribuée à la gravité. Selon le théorème de l'énergie, ce rayonnement gravitationnel ne peut provenir que d'une autre forme d'énergie; il doit être alimenté par une conversion d'énergie. De l'approche de Faraday, il résulte, de manière cohérente, que cette forme d'énergie ne peut être que la matière elle-même ou l'énergie regroupée et oscillant en elle, dont Faraday avait une idée très subtile. – H. Krause a toujours souligné de manière appréciable les réalisations de Faraday et de Maxwell en matière de connaissances physiques.

12 (p. 114)

L'expérience Michelson-Morley et la critique de la théorie de la relativité

Michelson lui-même rejetait la théorie de la relativité; il était convaincu que l'ensemble de l'appareil était au repos par rapport à l'éther. Au début, de nombreux physiciens ont partagé cette conclusion – assez évidente – : la Terre avait emporté l'éther avec elle, ce qui expliquait l'absence troublante de résultats de l'expérience. L'erreur résidait dans le fait que l'on supposait que l'éther était au repos et qu'il avait été entraîné par l'atmosphère terrestre. Il est rapidement apparu que cette hypothèse n'était pas tenable. L'idée que l'éther est inextricablement lié à la Terre et qu'il est constamment entraîné par elle n'est venue à l'esprit de personne. Ainsi, malgré les résistances initiales, la "solution" violente d'Einstein s'est imposée: l'élimination de l'éther et la manipulation de l'ensemble de la cinématique (c'est-à-dire du système spatio-temporel). Il s'agissait en fait d'une déclaration de faillite de la physique réelle.

Un malentendu largement répandu doit être contré par le fait que la formule légendaire de l'énergie ($E = mc^2$) n'est pas une partie inséparable de la théorie spéciale de la relativité, mais indique des processus masse-énergie qui ne deviennent compréhensibles qu'à travers la structure de la matière révélée par Krause.

Le physicien, chimiste et biologiste Walter Theimer donne un aperçu de la critique de la théorie de la relativité (à l'exception de la "théorie du champ unifié" de Krause) dans son livre "Die Relativitätstheorie. Theory – Wirkung – Kritik" (La théorie de la relativité. Théorie – Effet – Critique) (Berne/Munich 1977, Francke Verlag), ainsi que dans le chapitre consacré à la théorie de la relativité de son "Handbuch der naturwissenschaftlichen Grundbegriffe" (Manuel des concepts scientifiques fondamentaux) (Munich 1978, dtv Wissenschaftliche Reihe). Theimer démontre le caractère indéfendable des hypothèses de base d'Einstein et la circularité de toutes les tentatives antérieures visant à prouver la théorie de la relativité restreinte et générale. À l'exception de H. Krause, les explications très claires de Theimer constituent la meilleure critique disponible de la théorie de la relativité. Il va presque de soi, compte tenu du mythe Einstein intact et des popularisations indicibles partout, que les remarques critiques sur la théorie de la relativité ne trouvent pas de publicité.

À propos de l'auteur et de l'histoire du livre

Helmut Friedrich Krause (1904 – 1973) a vécu comme philosophe et érudit privé à Berlin. En 1924, il fait la connaissance de la philosophie de Giordano Bruno et des enseignements de la sagesse bouddhiste, qui ont une grande influence sur lui et sont significatifs pour son développement ultérieur. 1926 – 1930 Études d'économie et de gestion d'entreprise. 1930 – 1934 Études de physique. Le point de départ de son intérêt pour la physique est l'espoir de découvrir une force (ou une force similaire) qui rendrait les guerres impossibles. En 1934, H. Krause abandonne la méthodologie occidentale, qu'il juge inadaptée. Dès lors, il s'engagea résolument sur la voie de l'intériorité, celle de la méditation. Au début de l'année 1937, il vit sa première expérience de satori, un éclair de compréhension intuitive de la réalité, qu'il associe désormais à ses recherches scientifiques menées jusqu'en 1934. Au cours de l'été 1937, il formule la première version de "Der Baustoff der Welt" (Ce dont le monde est fait). Une deuxième version est produite; Eugen Diederichs Verlag souhaite la publier, mais H. Krause retire le manuscrit par crainte d'une éventuelle utilisation abusive par les nationaux-socialistes (principalement dans le cadre des arguments anti-Einstein). En tant que philosophe, il travaille en secret, mais exerce diverses activités professionnelles dans le monde bourgeois. En 1944, il fait de nouvelles "percées" dans son travail méditatif; H. Krause réalise des expériences transpersonnelles qui atteignent le cosmique, mais qui ne seront couchées sur papier que dans les années 1950. L'œuvre principale de Krause, "Sur l'arc-en-ciel et la loi de la création", a été achevée en 1967.

En 1970, il en publie la première partie – "Der Baustoff der Welt" – chez Ner Tamid Verlag, sous le pseudonyme de Simon Kraus. Le livre devient une sorte de livre culte pour un petit cercle de personnes en Allemagne, mais n'a pas d'impact plus large. H. Krause meurt au printemps 1973 – Ner Tamid Verlag est dissous au début de 1981 après que le directeur de la publication, le rabbin Shlomo Lewin, a été victime d'une tentative d'assassinat par des néo-nazis.

Littérature complémentaire

H. F. Krause
Vom Regenbogen und vom Gesetz der Schöpfung
(actuellement en cours de traduction)
1989, edition *dionysos*

H. F. Krause:
Der Baustoff der Welt
2024 (réédition)

H. F. Krause:
What the world is made of
2024

H. F. Krause:
Ce dont le monde se fait
2024

Livres de Jochen Kirchhoff

aux éditions Drachen

Die Anderswelt
– Eine Annäherung an die Wirklichkeit
2002 / 2020

Die Erlösung der Natur
– Impulse für ein kosmisches Menschenbild
2004 / 2008

Räume, Dimensionen, Weltmodelle
– Impuse für eine andere Naturwissenschaft
2007 / 2024

Was die Erde will
– Mensch, Kosmos, Tiefenö kologie
2009

Das kosmische Band
– Der Mensch und seine Bedeutung für das Ganze
2010

Klang und Verwandlung
– Klassische Musik als Weg der Bewusstseinsentwicklung
2010

dans l'**édition** *dionysos*

Giordano Bruno, 2025 (réédition de roro 1980)

Schelling, 2025 (réédition de roro 1982/2000)

Nietzsche, Hitler und die Deutschen
– Die Perversion des Neuen Zeitalters
1990 / 2024

Naturphilosophie – Vorlesungen und Vorträge
2024

Médias sur Internet:

Présence sur le web: helmut-friedrich-krause.de
Thèses principales, carrière, œuvres

Chaîne sur Youtube: Jochen Kirchhoff
plus de 100 vidéos
entretiens philosophiques et interviews

Présence sur le web: jochenkirchhoff.de
Aperçu de tous les cours, conférences et livres

Helmut Krause, 1948, Berlin